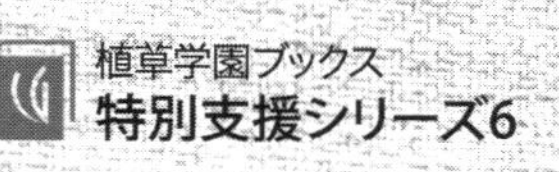

植草学園ブックス
特別支援シリーズ6

幼稚園・保育所・小学校の先生必携！

「気になる」子ども 保護者にどう伝える？

著 佐藤 愼二

執筆協力 加藤 悦子・広瀬 由紀・栗原 ひとみ

はじめに

☆「障害告知」という言葉

仮に、読者にお子さんが生まれて、「お宅のお子さんには〜という障害があります…」と告知されたらどう思いますか。「障害告知」とは、いわば、想像すらできない重荷を抱えているかもしれない子どもの現在と全く先の見えない子どもの将来に自分の人生が折り重なる瞬間とも言えます。

一般的な子育てでは、自分自身の人生を振り返れば、“幼稚園（保育所）を卒園して、小学校に入学したら…”と、おおよその育ちをイメージできます。しかし、「障害告知」とは、そのイメージやシナリオ、夢と希望に満ちた人生の未来予想図が崩れ去る瞬間でもあるのです。

☆「障害受容」という言葉

筆者の娘には知的障害があります。親の立場で「障害受容」という言葉は、極めて、第三者的な専門用語だと思っています。入園、入学、進学、卒業、就労、さらには、親亡き後の生活も含めて、「障害」ゆえの「見えなさ」やその不安、戸惑いを感じてきました。未だに、その「心のゆれ」を隠しきれません。「障害受容」はありうるのでしょうか。

☆「伝えられる」とき

読者にお子さんがいるとします。障害の告知ではないものの、そのお子さんの「気になる」行動を伝えられたときに、どう思いますか。おそらく、伝える側がどれほど言葉を選んだとしても、伝えられる親には「お子さんは『普通』ではありません」と聞こえるのです。容易に受け止めることはできない事実を突きつけられることになります。

わが子が障害を負うことを望んで子どもを産む親はいません。障害を負うことを望んで生まれる子どももいません。まして、発達障害は大変分かりにくい障害ですから、親としても納得できないのです。ですから、「伝える」という行為は、親に「見えない不安・戸惑い」という「片道切符」を手渡すことなのかもしれません。

☆親として「どう伝えてほしいのか？」

本書は、先生方が「伝える」場面を想定した心構えや面談の準備、面談のテクニック、その後のフォローにも触れています。しかし、同時に、親の立場として「このように伝えてほしい」という思いを文字にしたためたメッセージの書でもあります。

つまり、保育者・教師の立場で「どう伝えるのか？」という視点とともに、むしろ、親は「どう伝えてほしいのか？」に焦点をあてています。

子どもの「最善の利益」を実現するために、子どもを中心に、保育者・教師と保護者がトライアングルとなり、いい音色を奏でてほしいと願っています。そのために、本書が一助となれば幸いです。

なお、本書では、必要がある場合には“幼稚園”“保育所”“小学校”、あるいは、“保育者”“教師”と書き分けますが、“学校”と記した場合には“幼稚園・保育所・小学校”を、“教師”と記した場合には“保育者・教師”を総称しているとご理解ください。

また、“学級経営”“授業”と記す場合も同様に“日々の保育”を含んでいます。校内支援体制は園内支援体制・所内支援体制と読み替えてください。

本書で登場する子どもたち・保護者については、個人が特定されることを避けるために、その様子・性別・年齢等に変更を加えています。

2017（平成29）年9月　　佐藤　愼二

目　次

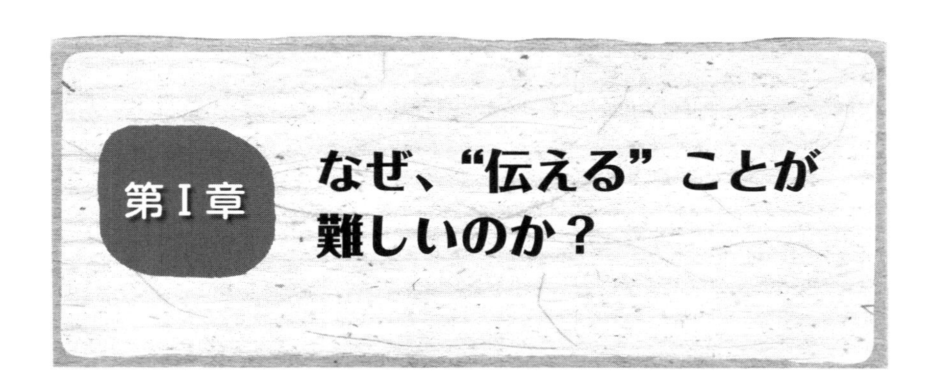

第Ⅰ章 なぜ、“伝える”ことが難しいのか?

“少子化”と言われるように、子どもの数は毎年減少を続けています。しかし、特別支援教育のサービスを受ける子どもの数は小学校・中学校・特別支援学校で毎年増え続けています。発達障害等の子どもの出生率が急速に増えているということではありません。特殊教育から特別支援教育へと移行し、保護者の意識が変化し、“特別支援教育のサービスを受けることのハードルが低くなり、そのメリットが幅広く浸透してきた”ことの表れと言えます。

その意味では、気になる子どもの保護者が“気づいたとき”に、ごく自然に、“自ら進んで相談する時代”が訪れるに違いありません。いずれは、教師の“気づき”を保護者に伝えるという行為もそれほど困難ではなくなるはずです。

しかし、道半ばです。どの学校のどの教師も「どう伝えたらよいのか?」で思い悩む現実があります。本書はこの課題を真正面から取り上げ、読者のみなさんと共に考えたいと思います。

1．“困った”子どもではなく、何かに“困っている”子ども

学習上の困難さはもちろんですが、暴力、パニック、離席等が多いという行動上の課題の場合、まずは、“困った子どもではなく、何かに困っている子ども”と見方を変える必要があります。そして、“見方を変えて・支援を変える”必要があります。日頃の学級経営や授業を見直して子どもがよりよく過ごせる毎日の実現がまず求められます。

授業や保育の見直しについて、小学校の先生方は、植草学園ブックス 特別支援シリーズ２『今日からできる！ 通常学級ユニバーサルデザインー授業づくりのポイントと実践的展開』（佐藤愼二 2015、ジアース教育新社）を、幼稚園・保育所の先生方は『逆転の発想で魔法のほめ方・叱り方』（佐藤愼二 2017、東洋館出版社）をぜひ参照してください。

分かりやすい例を一つあげます。私の教え子（当時、小学１年生）に、45 分の授業で５分しか座っていられない子どもがいました。彼は言いました、「ぼくもみんなみたいに座りたい！」と。衝撃でした。彼は座りたいけど座っていることができずに“困っていた”のです。「座りたいけど座っていられない…だから、『多動性』と言うのだ…」と、改めて自らの子ども理解や発達障害理解の未熟さを恥じました。彼を叱ることは、視覚障害のある子どもに「なぜ、見えないんだ！」と叱る行為と全く変わることのない大きな“教育ミス”でした。

見方を変えて、支援を変える。

まず、これに徹するだけで、子どもや学級が落ち着くことがありま

す。子どもが変わると、保護者との信頼関係も深まり、話がしやすくなるのです。学級経営と授業づくりの充実を図ることが何より大切であることをまず確認しておきたいと思います。

2．保護者との連携で担任が抱えている現実

しかし、一方で、保護者の協力がないと解決できないことがあるのも事実です。では、「どうしたらいいのだろう？」「どう伝えたらいいのだろう？」――これが本書のメインテーマになります。まず、直面している悩みを次表にまとめてみました。

①気になる子どもの保護者にどう伝えるのか…伝え方が分からない。
②保護者に伝えたが納得してくれない。逆に、学校の指導について不満を言われた。
③子どもの学校での様子に理解を示すものの、「いずれは追いつく」「学校で厳しくしてほしい」「家では落ち着いている」…等、協力的ではない。
④保護者がうまく子どもとかかわれない…、保護者の子育てへの自尊感情が低下している。
⑤仕事や下の子どもの育児で多忙感があり、子どもとかかわる時間そのものが少なく、結果的に放任の状態になっている。
⑥家庭で厳しいしつけをしており、「学校は甘い」と指摘された…等。

事実、保護者参観日になるとはりきって取り組む子どももいますから、なかなか日常の現実を共有できないこともあります。教師は「学級での状況を保護者に分かってほしい」と願うのですが、一方で、保護者の側にも様々な思いや事情がありそうです。ですから、“伝える”ことに伴うミスマッチは起こるべくして起きてしまう側面を否定できないのです。

筆者には知的障害のある娘がいます。29 歳になります。娘が幼かった頃の親としての実感や思いも踏まえて、教師の視点だけでなく、保護者の思いや視点も踏まえて、このテーマを掘り下げたいと思います。

3．「伝える」ことの当面のゴールをどこに置くのか？

仮に、読者にお子さんがいて、「お宅のお子さんは気になります」と言われて気持ちのいい方はいないでしょう。「○○相談センターに行ってみてください」と言われて、二つ返事で「はい！ 分かりました！」と応える方は 99.9％いないでしょう。「うちの子のどこが特別なんですか！」と言ってこその“親の・最も親らしい・親の在り方”と言えます。そのことをまず確認しておきたいと思います。

では、逆に、どのような話・提案ならば受け止めることができるのかを熟慮する必要がありそうです。ここで、結論の一つに触れてしまえば、初回面談のゴール、着地点を —— 半歩踏み出せば届くぐらいの —— 近くに設定することだと思います。ハードルを低く設定することだと思います。「そういうことならば、了解しました」と言えそうな内容にして、次につなげることです。

このゴールの設定については、第Ⅵ章で具体的に検討したいと思います。

4．改めて、伝える目的は何なのか？

（1）伝える目的

医療機関を進めることでしょうか？　相談センターに行ってもらうことでしょうか？

もちろん、友達への乱暴な行動等を何とかしてほしいという私たち教師の切実な願いがあるのも事実でしょう。しかし、校内で起きている出来事については、まず、私たちの努力で解決の努力をすべきですし、家庭では何ともできません。逆に、家庭で言い聞かせて、叱ってもらうことは、百害あって一利なしです。

その上で、なぜ、“伝える”必要があるのでしょうか？　この点をまずは確認しましょう。

○その子どもへの支援をさらに充実させること
○学校と家庭とで力を合わせていくこと

これ以外にありません。この点を外して伝えてしまうと、単なる“厄介払い”のような印象を与えてしまうことになるのです。初回の面談でボタンを掛け違ってしまうと、保護者の不信感が増すことにもなりかねません。

（2）伝えることに伴うリスク

上記のように、結果として、不信感が高まってしまうことももちろんリスクの一つではあるのですが、筆者の経験上、最も避けなければいけないのは――ネガティブな言い方になるのですが――不適切なしつけ（＊極端に言えば、虐待的なかかわり）に追い込んでしまうことです。

百害あって一利なしと先に書いたのはこのことです。伝え方を誤れば、保護者を追い込むことにもなります。保護者は学校での子どもの苦戦を聞き知れば、当然、しつけでも何とかしようとします。これは必然です。それが結果として、不適切な対応になってしまうことがあるのです。

なぜならば、単に叱っただけで、子どもたちの行動が改善されるかと言えば、それほど単純ではありません（参照『逆転の発想で魔法のほめ方・叱り方』（佐藤 2017））。ですから、叱り方がエスカレートしてしまうのです。その親子をさらに追い込みかねません。では、なぜ、このようなことが起きてしまうのでしょうか？

（3）保護者は“気づいている”

第Ⅲ章で改めて触れますが、多くの場合、母親はわが子の困難さにうすうすは気づいています。「それを言われたらどうしよう…」と心当たりがあり、気づいているからこそ、わが子の学校での苦戦の様子を聞き知れば、しつけで何とかしようとするのです。それが親心です。しつけも行き過ぎれば厳しい叱責や虐待的な対応になってしまいます。幼児期や低学年期は力で押さえることもできるでしょう。しかし、高学年になれば、確実に力関係は逆転します。結果として、家庭内が混乱していく事例を――筆者の支援者としての力不足を恥じつつ――いくつか目にしてきました。

○しつけで何とかしようとする方向に追い込んではいけない
○力による子育ては、物事を力で解決することを子どもに教えること

子どもの育ち（特に、乳幼児・児童期）における保護者の影響力は計り知れません。ですから、保護者の力が子どもにとってよりよい方向に発揮されるための面談とも言えるのです。

5．なぜ、うまく伝えることができないのか？

上記も踏まえて、「なぜ、うまく伝えることができないのか？」をもう少し考えてみたいと思います。

（1）学校に呼び出される保護者の感覚

①完全アウェー状態

気になる子どもの保護者が（呼び出されて）学校に来て、面談をするということは、サッカーに例えるならば、完全アウェーのスタジアムに一人で足を踏み入れる感覚を思い浮かべればいいかもしれません。もちろん、学校・教師の側はホームスタジアムの圧倒的多数であり、保護者は孤立無援です。

そのような状況ですから、保護者の側にも相当な構えがあり――これは一度でも気になる行動を伝える経験をしたことがある方ならば実感されていることかと思うのですが――結果として、「担任がわが子を迷惑だと感じている！」「学校はわが子を厄介者扱いしている！」…と伝わってしまうことがあるのです。そのようなことを伝えるつもりは全くなかったにもかかわらず…です。

このようにボタンがセットされてしまうとリセットには相当な困難を要すると考えましょう。ですから、繰り返しになるのですが、初回面談はとても大切です。

②保護者は担任の思いに敏感になっている！

当然ですが、保護者は自分の子どものことを一番に考えています。保護者は「担任の先生はわが子のことをどのように思っているのか？」についてとても敏感です。担任の先生がわが子を単なる"厄介者"扱いしているのか、真剣に向き合ってくれているのかを直感的に感じ取ろうとしています。

そのような保護者の気持ちに無関心に面談を進めてしまえば、やはり、ミスマッチは起きるでしょう。後ほど触れますが、やはり、基本はその子どもの“いいとこ”を伝えることから始める必要があるのです。

（2）この先の見通しやメリットを保護者に語れない

少なくとも、“伝えられた”保護者の受け止めはおそらく相当ネガティブなものでしょう。伝える側の私たちにももちろん先の見えない不安があるのです。しかし、私たち自身が知らないことが多すぎて、保護者の不安を少しでも和らげることができないとするならば、保護者はどのように思うでしょう。

伝える側の私たちが「知らないことが多すぎる」という現実はないでしょうか？　つまり、仮に、相談センターに行くことを納得したら、その後はどんなことが待っているのでしょうか？　何らかのメリットがあるのでしょうか？　どんなポジティブな側面があるのか？　私たちはそれを知っているでしょうか？

「分からないこと」「知らないこと」に対しては、誰もが不安を抱く。

（3）特別支援教育や就学支援のシステムを理解すること

幼稚園・保育所ならば、今すぐにでも受けることのできるサービスは、その地域にどのようなものがあるのでしょうか？　保健師さん、親子教室、子育て支援センター、障害児等療育支援事業…あるいは、小学校入学までにはどのような相談支援機関があるのでしょうか？小学校には通常の学級しかないのでしょうか？　通級指導教室とは何でしょうか？　誰でも利用できるのでしょうか？　特別支援学級は？

体験や見学はできるのでしょうか？　特別支援学校はどんな学校で

しょうか？　そもそも、それらに、一度、入学・入級してしまうと通常の学級に戻れないのでしょうか？

ただ単に、「相談に行ってほしい」と説得したところで（仮に、「特別」なサービスを受けることになったら）そのメリットは何なのか？…私たちが説明できないとしたら、やはり、単なる“厄介払い”と受け止められても仕方ないかもしれません。

仮に、保護者から「相談センターに行ったら、その後はどうなるのでしょうか？」と聞かれて「分かりません…」と答えるとしたら、ますます不信感は高まるでしょう。不信感どころか拒否感にもつながります。ですから、保護者に安心感を与える道筋を示す必要があります。

ただし、一つ確認しておきたいことは、担任が全ての情報に詳しい必要はないのです。そのために、特別支援教育コーディネーターが指名されているのです。事前に特別支援教育コーディネーターや、さらには、巡回相談の担当者、あるいは、福祉部や教育委員会の担当者とも十分に意見交換しておくことが必要です。

（4）自らが経験していないこと・想像できないことを保護者にどう伝えるのか？

例えば、その子どもが何らかの医学上の診断を受けるとして、読者にはその子どもとの生活をどの程度イメージできるでしょうか？　例えば、わが家も今でこそ、そこそこ落ち着いた生活をしていますが、幼い頃には娘が落ち着かず常に気を抜けなかったり、外出先では、交通事故に遭わないかと冷や汗をかくような場面が多々あったりしました。家庭内でパニックがあるなどすれば親子で疲弊する毎日になるでしょう。読者にそのようなリアルな生活場面を想像できるでしょうか？　さらに、説得力ある説明をし「大丈夫ですよ」と語れる方は皆無だろうと思います。

一般的な子育ての場合には、子どもの育ちや生活についての何らかのイメージを抱いており、「今は～ですが、この先、～ができるようになって、～になりますから安心してください。心配ないですよ！」等と、何からの生活状況を保護者と教師で共有できるのです。

しかし、仮に、障害があるとしたら、教師自身が全く未経験で、しかも、未知の生活について保護者に語ることになります。

未知の生活について保護者に伝えて、
想像し納得してもらう側面ももつことになる。

逆の立場だとしたら、不安になるでしょう。果たして、どこまで説得力があるでしょうか？

（5）“（発達）障害”のことを知っていますか？

先に、特別支援教育のシステムを伝えることができないと説得力を欠いてしまうだろうと書きました。合わせて、（発達）障害のことをどこまで理解できているでしょうか？　もちろん、面談で教師からいきなり、障害の話はしません。しかし、面談に呼び出される保護者は「（やっぱり）うちの子は特別なのか（障害があるのか）？」と思い悩みます。面談の展開によっては、保護者から発達障害について問われることもあるでしょう。

筆者自身も含めて、全てを知り尽くしているということはありえないことです。しかし、その障害に関する特徴や子育てにおける具体的な配慮、あるいは、発達障害に関するポジティブな側面も確認しておく必要があるでしょう。支援する私たちがそれを知ることによって、様々な手立てを具体的に講じることで、その子どもや学級が落ち着いてしまうこともあるのです。

少なくとも言えることは、“伝える”からには、それらを少しでも知る努力は必要だと思います。それがその子どもと保護者に対する責任です。しかし、繰り返しますが、これら全てを担任が知っている必要ありません。校内外支援体制はそのためにあるのです。校外の応援団も含めて、仲間を頼りましょう。「私たちも○○の努力をしましたが、力が及ばなかったので、詳しい先生を頼って支援のヒントを得たいのです」と伝えることになります。「分かりません」だけでは、説得力は全くないでしょう。

以上の状況を踏まえるならば、“伝える”という行為が決して簡単なことではないことをご理解いただけたかと思います。ですから、“うまく伝えることができなくて当然”なのです。そこからスタートしましょう。次章では、逆の立場で、すなわち、保護者の立場になって、“なぜ、受け止めることができない”のかを考えてみましょう。

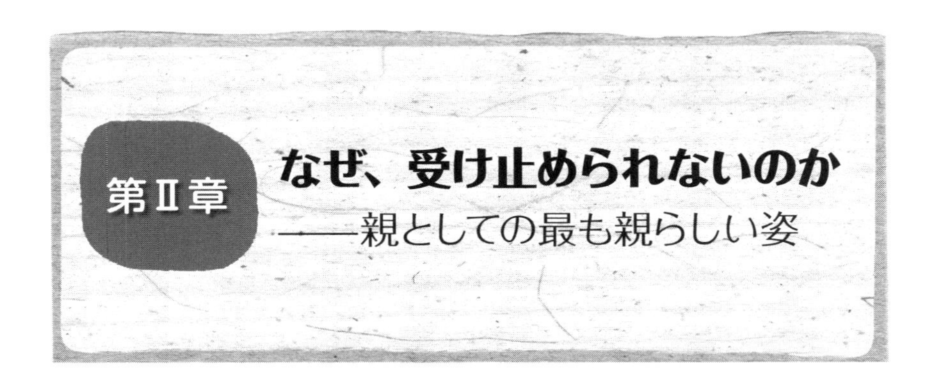

第Ⅱ章 なぜ、受け止められないのか ──親としての最も親らしい姿

1．片刃のカミソリ

切られる側は痛みを感じ深い傷を負うのですが、切る側は何の痛みも傷も負うことがないという片刃のカミソリ…伝えるという行為がどこかで片刃のカミソリになっているかもしれないということを心にとめる必要がありそうです。

“伝える”行為は、
片刃のカミソリになるかもしれない。

“自分がその子どもの保護者だったら…”という立場で──これを繰り返し自らに問いかけながら──「なぜ、受け止めきれないのか？」を考えなければいけません。その理由は何でしょうか？

もちろん、ゴールは“障害”を納得させようとすることではありません。それはドクターの専権事項です。しかし、保護者の立場でわが子の気になる行動を認めるということは、結果として、“障害の告知”

に、連なる行為になるかもしれないということは十分に含んでおく必要がありそうです。

2．差別と偏見の現実

2016年4月に障害者差別解消法が施行されました。障害の有無にかかわりなく過ごしやすい共生社会の実現に向けた大きな一歩を踏み出しました。しかし、この事実は裏を返せば、障害に対する根強い差別や偏見が、未だに、目の前に横たわっているという現実のあらわれでもあるのです。

さらに突き詰めて言えば、障害を受け止めるということは、社会から“差別や偏見という世間の冷たい視線にさらされる”という覚悟を求めるということにならないでしょうか？「そんなことはありませんよ、おかあさん、大丈夫ですよ！」と自信をもって言える読者はいないでしょう。

「まさか、自分の子どもに限って、“障害”なんてあり得ない！　うちの子どもは特別ではない！」と思って当然なのです。

3．いずれは追いつく！という願い

分かりやすい障害と分かりにくい障害があります。発達障害は、極めて分かりにくい障害の代表と言ってもいいかもしれません。

先に触れたように、保護者に“気づき”があるとしましょう。しかし、「今は落ち着きがないが…いずれ小学生になれば、（あるいは、高学年になれば）追いつく！」「男の子だから、ちょっと乱暴なだけ…」「ちょっと変わったところがあるだけ…」と自分を納得させようとするでしょう。これが親心です。「自分の子どもに障害がある」とはじめから思う親はいません。

発達障害のことが少しずつ社会でも理解されつつありますが、まだまだ保育・教育現場を中心としたごく限られた世界の話です。保護者自身が知らないことを納得のしようもないのです。仮に、何らかの“気づき”があったとしても“個性の範囲”と思っても何の不思議もありません。

4．とらえどころのない不安 ──認めてしまったらどうなるのか？

出産から幼児期の子育てというのは、「こんなふうに育ってほしい」「こんな家族になっているだろう」…と誰しもがそれぞれの人生設計を思い描き、夢見るのです。希望と期待に満ちた瞬間を生きるのです。希望と期待という言葉は、正に出産とその後の子育てのためにあるような言葉です。

障害の告知とは──大げさな言い方になるかもしれませんが──いわば、“長い人生にあってわずか数回しか体験できない出産という苦労や喜びを経て、期待・喜び・希望に満ちた人生のシナリオが狂い、崩れ去る瞬間”なのです。

一人の人間にとって、人生の中でどうしても受け入れがたい出来事はあり得ます。そこには否定や戸惑い、葛藤や苦しみ、悲しみ…「あり得ない」「まさか」という事実…。自ら産んだ子どもの障害を受け止め、その親となり育てるという極めて分かりにくく、強烈な不安に満ちた人生の受け止めが求められます。それは、今、そして、将来にわたって想像することさえできない困難さであるに違いありません。

読者に伺います──障害があることを望みますか？　あるいは、子どもに障害があることを望んで産みますか？――わが子に障害が…という話はとうてい受け止められる話ではないのです。

“特別な支援を受け入れない！”というのは、最も、親らしい姿である。

5．障害の受け止め＝何かをあきらめるということ？

障害を受け止めるということ…それに関して、端的な事実に一つ触れるならば、私の妻は娘に障害があると分かった時点でやむなく仕事を辞めました。現在は福祉サービスが充実していますから、そのようなことは多くはありませんが、30 年前はオールオアナッシングの選択を迫られたのです。

今でこそ、そのような極端な選択は迫られないでしょうが、療育センターや相談センターに通ったり、何らかのサービスを受けるために何度も役所に足を運んだりするなど、保護者の負担は――精神的なものも含めれば――決して軽くはないはずです。不安を抱えつつ、時間と手間をかけることになるのです。通常の子育てに比べれば、物理的にも精神的にも負担感は大きくなるでしょう。当然、一人の人としてやりたいことをがまんすることもあるでしょう。

障害を受け止めるということは、何かをあきらめるということ？

障害のある娘との暮らしを 29 年間続けてきました。60 歳に近くなれば、子どもを気にせずに、夫婦二人きりでの外出ができるはずです。もちろん、福祉のサービスを利用すれば、障害のある娘がいたとしてもそれが可能な時代になりました。しかし、全く自由に気兼ねなくできるかと言えば、そうではありません。そこそこ制約のある生活＝言葉を換えれば“何かをあきらめる”という現実は今でもあります。それがわが家のリアルです。

逆に、それゆえに、だからこその得がたいよい出会いや経験をしてきました。しかし、それは振り返ってみて言えることであり、正に、障害を受け止めようとする親に言えることでは全くありません。そんなことを言える資格のある人は──たとえ、障害のある子どもを育ててきた親と言えども──いないはずです。

このような想像力を抜きに、気になる子どもの保護者との連携はできません。

6．プロとしての覚悟

先に、うまく伝えることができなくて当然と書きました。しかし、それ以上に、「受け止めることができない」ことは──逆の立場で考えるならば──極めて当然のことです。つまり、突き詰めてしまえば、本書のテーマは、教師の立場では最も伝えづらい困難な課題であり、保護者の立場でも最も受け入れがたい課題でもあるのです。ですから、次のことだけは強く確認する必要があります。

仮に、保護者が納得しない場合でも、
教育のプロとして支援の充実・徹底を図る
覚悟で“伝える”。

どのような場合でも、この覚悟をぶれさせてはいけません。私たちは保育・教育のプロとして、目の前の子どもたちの成長に責任を負っています。

第Ⅲ章 保護者の思いと置かれている状況を想像する！

子どもたちの学校での様子や私たち支援する側の状況を分かってほしいと“伝える”ことをあせる前に、どうやら、もう少し、理解しておかなければならない保護者の思いや事情がありそうです。

1．母親は最も早く気づき、母親は最も早く悩む

（1）ある母親の回想から

筆者の教え子の母親は語りました…「私の子育てには、黄金期がなかった」と。ここで言う黄金期とは“初歩の頃”のことです。つまり、赤ちゃんかフッと立ち上がって、「ハーイ！　こっち！　こっち！…」という時期を指しています。「黄金期がなかった」とは、手を叩いて「こっちだよ！」と言っても、「好きな方に歩き（走り）、よく転び、ケガをして、病院に何度も行った…」ということのようです。後に、多動性の強いADHDと診断されることになりました。

母親に気づきはあったのです…「どうして私（母親）の方に来ないの？　どうして勝手に走り回るの？　どうして私（母親）の言うことを聞けないの？」と。公園デビューをしたものの、落ち着きなく走り

回ることが多く、「しつけができていない…」と陰口を言われたとも回想していました。発語や会話に関してはむしろ他の子どもよりも早く、よく話す賢い子どもだったとのことです。ですから、なおのこと「ちょっと落ち着きがないだけ…」「いずれは追いつく…」と自らを励ましていたと語っていました。

幼稚園時代は——発達障害に関する認知が乏しかった時代でしたので——先生から「家で厳しくしつけてください」と何度も言われ、苦労の連続だったと語っていました。母親が相談機関に通い始めたのは子どもが小学校３年生になってからですので、初歩の気づきからすでに９年という歳月が流れていました…。正に、折り合いをつけるための９年間だったとも言えます。逆に言えば、その母親にはそれだけの時間が必要だったと言えるのです。

気づいていたとしても
“折り合いをつける時間”も必要

（2）母親は最も早く気づく、しかし、「希望」に生きる

先に触れましたが、“母親は最も早く気づく”ということです。すでに、ADHDや自閉症と診断のある子どもの保護者を対象にした調査研究はいくつか行われています。それらには「お子さんが何歳の頃に、成長が心配になりましたか？」という内容のほぼ共通する設問があります。それによると、ほぼ全ての調査研究が“母親は自分の子どもが３歳までには何らかの不安を抱いていた”ことが示されています。

しかし、「大丈夫！　大丈夫！」と自分に言い聞かせ、自分を励ますのが母親です。全く手が動かない…目が開かない…等の分かりやすい障害ではありません。「いずれは追いつく！」と誰もが思い、希望し願うのです。

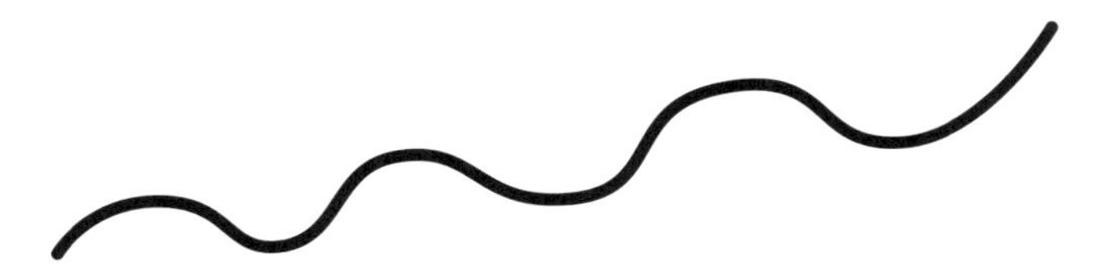

右斜め上に向かう波線を描きました。右下に下がる部分は“気づき”です。「あれっ、おかしいな…」と思っても、「いや、大丈夫！」と自分を納得させながら、再び、右上に向かうのです。

第一子の場合で、しかも、乳幼児健診などでも指摘を受けていない場合は、多少の苦労があるにせよ、「子育てはこのようなもの…」と受け止めていることがあります。また、仮に、指摘を受けていても、「いずれは追いつく」とスルーしているケースもあります。いずれも、親としては当然の思いです。

自分の子どもに“期待”し、“希望”を抱くのです。少々の困難さは何とかやりくりしようとするのが親なのです。

2．保護者も「困っている」現実

(1) 育てにくい…

家庭で困るほどの問題はないものの、第一子と比べて“育てにくさ”を感じていたり、成長の遅さやアンバランスさに困惑していたりします。積極的には相談しないものの、不安は感じています。何らかの相談のきっかけを待っていることがあります。しかし、仕事や毎日の家事に追われ、きっかけをつかめないまま、日々過ごしている場合があります。

(2)「何度言ったら分かるの！」

子どもの家庭内での問題行動に関するストレスをすでに抱えていて、学校には相談しないものの、家庭内で保護者が大変困っている場合があります。低学年期は力で対応できても、高学年になってからはそうはいきません。父親がいれば何とかできる…と、家庭で対応に苦慮していることもあります。このケースも何らかの支えが絶対に必要なケースです。

(3) 母子関係の違和感——自分は必要とされていない!?

筆者の教え子の母親から聞いた不思議なエピソードを紹介します。「長男のときよりも抱っこを重く感じていた」というのです。後に、自閉症の診断を受けることになるこの子どもは触覚の過敏さがとても強く、全身を大人の手と身体で包まれるような“抱っこ”そのものがとても苦手だったのです。

乳幼児期から何らかの違和感を感じていて子どもとの適切な愛着関係が形成されず、「子どもが自分になつかない…、働きかけへの反応が弱い…、子どもからのサインが弱く、読みにくい…」等に戸惑いを感じているケースです。しだいに、「自分が母として必要とされていない」ような感覚を抱き、「私はダメ親ですから…」と子育てへの苦手意識が強くなり、自尊感情がとても低下してしまったことを回想していました。

このケースは、場合によっては、母親がうつ的になっていたり、子どもに対して憎しみにも似た感情を抱いてしまったりすることもあります。何らかの支えが絶対に必要なケースです。

(4) 親子間の不安や緊張感

子どもによっては甘え方が分からず、不器用な表現の仕方になってしまうこともあります。それはある意味では、子どもの精いっぱいのもがきなのです。保護者にはわがままとしか受け止められず、その怒りに触れてしまうことがあります。このように、親子の間で何とも言いがたい不安をお互いに抱え、一種の緊張感さえ漂うこともあります。

以上のように、何とも表現しがたい不安やストレスを抱えているかもしれない保護者（特に、母親）に、まずは寄り添う姿勢が欠かせません。

いくつかの典型的な例に触れてきましたが、しかし、どうしていいのか分からない――相談もできない不安な現実を抱えているかもしれない――そのことを確認したいと思います。

3．母親を追い込んではいけない！

（1）子どもの評価は自分の子育ての評価

先に“伝える”ことはリスクを伴うと欠きました。例えば、読者のお子さんの様子について「～の点が課題で、～をとても苦手にしているようです」と、仮に、担任の先生から言われたとしましょう。率直に、どんな印象をもちますか？　極論してしまうと「あなたの子育てがよくなかったから、お子さんは～ができないんですよ」と言われているような気持ちになってしまうはずです。

子どもの苦手な点や課題となる点を伝えるということは、保護者にとっては、自分の子育てについての“点数や評価の低い通知表”を突きつけられるようなものです。当然のことながら、「先生のおっしゃる通りです」という答えが返ってくるはずもなく、「うちの子どものどこか特別なんですか？」（＝「私の子育てのどこが悪いんですか？」）という答えになるのです。

自分の子どもが発達障害の診断を受けたことで「ホッとした…」という保護者の話を聞くことがありますが、それは正に、「自分の子育てが下手で、子どもが落ち着かなかったのではない」という自分の子育てに対する安堵感に他なりません。

（2）理想の母親という負担

筆者の失敗談です…。あるとき、「家でもたくさんほめてあげてくださいね」とアドバイスしたことがあります。子どもがほめられる機会を家庭の中でも増やしてほしいと願った気軽な気持ちでした。しかし、家の中では炊事、洗濯、下の子どもの世話…様々な家事があり、一方で、その子どもは家の中では言うことを聞かない状況が続いたようです。

１ヶ月後、その母親は深刻な顔つきで「先生、やっぱりほめることができませんでした…」と私に語ってくれました…驚きました。この１ヶ月間の母親の心労がいかばかりのものだったか…ほめることができないでいる自分自身に“母親失格”の烙印を押し、自尊感情がボロボロになっていたのです。

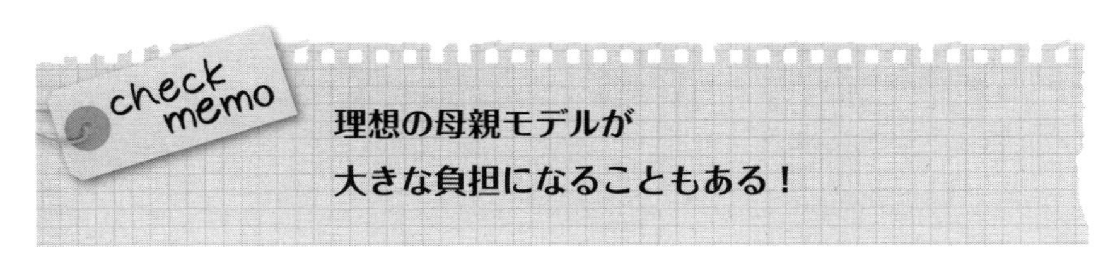

理想だけを語ってはいけない現実が家庭の中にはあるのです。“理想の保護者モデル”を押し出しすぎれば、保護者を追い込むことになります。何とかほめる機会を見つけようにも、叱らざるを得ない場面が圧倒的に多く、うまくいかない…。しまいには、「自分にわざとしているのではないか…」という錯覚に陥ることさえあるのです。

（3）“孤”育てから“呼”育てへ

独りで抱えてしつけで何とかしようとする“孤”育ての方向ではな

く､「誰かを呼んでいい！　頼っていい！」という“呼”育ての方向に、気持ちを向けたいのです。

“孤”育ての方向ではなく、
誰かを呼んで頼る“呼”育てへ

筆者自身の限られた経験の中で、もう一つ結論じみた話をしてしまえば、結果として、保護者が「とりあえず、先生を頼っていいんだ！」と思えたら、その面談は成功だろうということです。

4．家庭の 24 時間を想像してみる
―― 家族（夫婦・兄弟姉妹）・親族の理解は…

（1）家庭内の不安

①親族の理解不足に関する悩み

日々の子育ての中で、母親に何らかの気づきがあって、支援を望んでいてもそれがかなわないことがあります。父親から「俺も小さい頃は同じだった。気にするな」と強く言われ、母親が板挟みになるケースがあります。あるいは、祖父母からは暗に「育て方が悪い」との指摘を受けることも…。

本来ならば、家庭で夫に愚痴をこぼして、ストレスを発散できるはずが､「育て方が悪い」と夫からも言われてしまえば、息を抜く暇がありません。両親面談、さらに、必要があれば、祖父母との面談を検討することもあります。

②兄弟姉妹に関する悩み

兄弟姉妹に関する悩みも多くあります。小さい妹や弟がいて育児に

忙しかったり、姉や兄の進学・進路等の悩みが多かったりして、その子どもの学校での情報に十分に気持ちを向けきれずにいることもあります。

さらに、兄弟姉妹に多くの我慢を強いているもあります。特に、弟妹の場合には、「いつも、おにいちゃん（おねえちゃん）ばっかり…自分も見てほしい·かまってほしい…」と思っていることもあるでしょう。兄姉の場合には、手がかかる弟妹のために、何も言わずに協力してくれていることもあります。実際の生活場面でも、心理的にも我慢を強いていることもあります。

あるいは、通級指導教室や特別支援学級のことを考えたくても、「お兄ちゃんは○○教室に行ってる…」と兄弟姉妹がからかわれないか、と悩む保護者がいても不思議ではないでしょう。もちろん、このようなケースは全校的な障害理解教育と交流及び共同学習の充実が求められます。そして、正に、共生社会に向けた学校全体の現実的・実際的な取り組みが求められていると言えます。

（2）地域生活での不安

先ほどの保護者の回想のように、公園デビューしたものの陰口を言われるとなれば地域にも居場所を失うことになります。家でパニックを起こすこともあるとするならば、近所に相当な気遣いをするでしょう。子どもが毎日のようにパニックを起こして、あまりに酷い叫び声だったために、“虐待通告”をされたり、筆者の知り合いも引っ越しを余儀なくされたりする現実もあります。

さらに、幼児期から友達への暴力や友達とのかかわりにくさがある場合、“子育てがへた”、“愛情不足”等の陰口を言われていることもあります。近所に相談できる子育て仲間ができるどころか、むしろ逆に、誤解され、孤立し、傷ついていることもあります。

“本音で相談できる相手がいない”という孤立感は母親をますます不安にするでしょう。

いずれにしても、本来最も心と身体を休めるべき家庭内で、気を抜けない状況を想像するだけでも辛いことです。

5．生活状況・経済状況…その現実

（1）生活の現実は？

現在、厳しい経済状況ですから、両親が（片親の場合も）、夜遅くまで働かざるを得ず、子どもとかかわりたくても思うようにできないで親子でストレスを抱えたり、子どもは朝ご飯も十分とれなかったりということもあります。経済的な困窮の度合いが高まれば、不適切な子育てに結びつくリスクも高まります。これは統計的にも明らかにされていることです。福祉関係部署との連携も視野に、校内外支援体制を検討する必要があるケースです。

一方で、保護者が自己実現を求めるあまり、保護者の価値観・仕事が優先されているケースもあります。共働きであり、両親ともに仕事に打ち込んでいる場合に多くあります。家庭内で気になることはあっても、担任との面談そのものや教育センターに出向く等の現実的な負担感がとても大きいというケースです。相談のきっかけを得られず、どうしても一歩踏み出せないでいることが多いのです。

保護者も自己実現を求める存在です。それとの折り合いがつかず、苦慮しているのです。何のために、何を、どうするのか…具体的な道筋を明確に示す必要があります。

（2）仕事の二面性

母親が仕事に従事しているということは必ずしもデメリットばかりではありません。先に触れたように、家庭で気が休まるときが少ないとするならば――もちろん、子どもや家庭生活が大切なのですが――仕事に自分なりのやりがい・居場所・生きがいを見いだすこともあるでしょう。子どもや家庭から離れて、仕事に自分なりの時間・空間を過ごしているというポジティブな側面を否定することはできません。

学校で「○○さんのお母さん」と呼ばれるのではなく、仕事中に一人の働く仲間として「○○さん」と呼ばれる時間の心地よさ――それがあってはじめて子育てへの力をチャージできることもあるはずです。

6．保護者の子育て力の個人差

子育てと一口でくくってしまいますが、そこには、愛情を中心とした様々なきめ細かな配慮や実行能力が求められています。そこで求められる幅広い能力には個人差があります。ある人にはできても、別な人にはできないことがたくさんあるのです。そして、当然のことながら、子育てに求められる幅広い様々な行為に関しては、得意分野・不得意分野もあるでしょう。

子どもが抱えている困難さの度合いによっては、触れたような様々な要因が複雑に絡み合い、保護者は大変なストレスにさらされることになります。虐待を含む不適切な子育てにいたるリスクが高まることも考えられます。

子どもと保護者が一緒にいて心地よい関係になるように、そして、少しでも前向きになれるように、具体的で実際的な支援（第Ⅶ章参照）が求められています。

7．保護者が抱く“専門家”のイメージは？

例えば、家を建てるときには建築や設計の専門家に相談します。専門家は、その領域にとても詳しく適切なアドバイスをくれる人というポジティブなイメージがあります。その一方で、読者が風邪をこじらせて、せきが止まらなくなった場合を想像してみてください。ドクターから「呼吸器系に詳しい専門医を紹介するので、次は○○病院に行ってください」と言われたら、どんな気持ちになるでしょうか？「呼吸器系の専門家？」「自分の症状はそんなに悪いの？」…等、相当な不安を抱きませんか？「何をされるのだろう？」「何を告げられるのだろう？」…と不安になるでしょう。できれば、“避けたい”という率直な思いを抱くでしょう。

私たち保育者や教師にとっては、特別支援教育の“専門家”とは、客観的で適切なアドバイスをくれる人というポジティブなイメージを抱くでしょう。しかし、当事者である保護者目線での“専門家”とは――先の“呼吸器系の専門家”のような、何をされ、何を告げられるのかも分からない人です。

専門家とは――もしかしたら、
“不気味な存在”でしかない。

例えば、次回の面談で発達障害に詳しい巡回相談の先生が来る場合も、「次回は専門の先生が来てくれます」ではなく、「学校がいつもお世話になっている素敵な○○先生が来てくれますから、安心してくださいね」と伝えることができれば、保護者の不安感も少しは和らぐに違いありません。

8．学校・担任への不信感

（1）先生は分かってくれない…

これは現担任への不信感に限りません。歴代の担任は「分かってくれなかった！」という思いを強く抱いている場合も当然あるでしょう。

読者が逆の立場で個別面談に臨んだとき、もし、「お子さんの落ち着きがないので、相談センターに行ってください」と告げられる場面を想像してみてください。これを口にするかどうかは別にして「担任の先生の対応はどうなっているんですか？」と疑問を投げかけるはずです。これは誰であれ瞬間的に頭をよぎる疑問であり、否定しようのない心理です。

はじめから「自分の子どもが悪い」と
自分の子どもに原因を求める保護者は皆無

まして、過去の担任との間で行き違いがあればなおのこと、「学校・担任の対応が悪いから、子どもが落ち着かないのだ！」と思ったとしても何の不思議もありません。むしろ、当然です。

（2）「この先生に本当のことを話しても大丈夫だろうか？」という思い…

読者のみなさんはご自身の悩み事や困り事を誰に打ち明けて相談するでしょうか？　家族であったり、親しい友人であったりするはずです。少なくとも信頼しない人には話さないでしょう。

先に触れてきたようなことが、仮に、家庭の中であるとしても――それがかなりの修羅場であったとしても、否、だからこそ――簡単には口にできないはずです。

本当のことは簡単には話せない。

もし、少しでも、学校や担任に不信感があるとするならば、本当のことを話すでしょうか？　不信感を抱くほどでないにしても、「こんなことを言ってしまったら、必ず、『障害』と言われるだろう」と保護者が想像しているとしたら、それはかなり高いハードルであるに違いありません。

9．自分の弱さをさらけだせますか？

保護者の中には、「自分の子どもが落ち着かないのは、『自分の子育てが悪いからだ』…」と思い、内心では自分を責めている人もいます。子どもの落ち着きのなさの原因を自分自身がつくっていると思い込んでいたら…それを誰かに簡単に打ち明けることができるでしょうか？

それを語ることはもしかしたら、自分の弱さを語ったり、いたらなさをさらけだすことでもあるのです。子どもに申し訳ないことをしている…という思いも交錯し、ある意味、相当な勇気がいることかもしれません。誰にでもできることではないでしょう。読者ならばどうでしょうか？

内心は思い悩んでいたとしても簡単に話すことはできないでしょう。

以上のように、保護者の思いや置かれているかもしれない状況に触れてきました。もちろん、これだけでは、何の解決にはならないのですが、面談に際しては、上記のようなことも想定しつつ丁寧に進めたいものです。

　保護者が置かれているかもしれない状況、そこでの保護者の思いにさりげなく寄り添う心配りが信頼関係を切り結ぶ糸口になるのです。

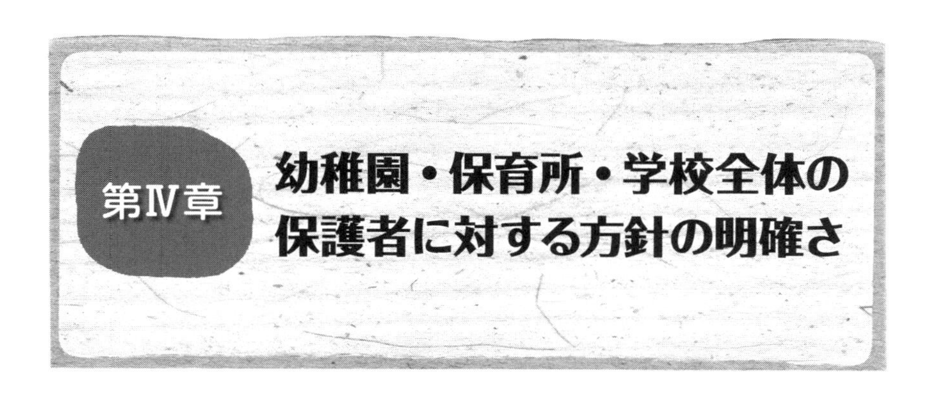

第Ⅳ章 幼稚園・保育所・学校全体の保護者に対する方針の明確さ

1．保護者との連携・協力の構造を考え直す

⑤個別面談・支援

④学級保護者会→保護者同士の関係性

③全校保護者会・ＰＴＡ研修会・学校だより

②県や市町村の取り組み・専門家チーム会議等
市町村の広報・保護者向けのたより、乳幼児健診の充実

①社会・マスコミ

保護者との連携・協力というと、どうしても上図（『通常学級の特別支援セカンドステージ－６つの提言と実践のアイデア50』（佐藤愼二、日本文化科学社．絶版）より）の山の頂上＝個別面談ばかりがイメージされます。もちろん、最終的には、保護者と面談し、何らかの納得

をしてもらったり、通級指導教室への入級を了承してもらったりすることが目的です。

しかし、個別面談を支えるその裾野には、学校・学級の取り組み、そして、地道ではあっても、行政による幅広い取り組みや、さらには、マスコミを含む社会全体の啓蒙活動があるのです。このような構造の中で、保護者との連携協力を考えていく必要があります。

①マスコミも含む文部科学省や厚生労働省等の国を挙げての障害理解・啓蒙活動の充実。
②自治体の広報誌の活用－自治体広報誌のできれば一面トップで発達障害支援や特別支援教育特集をする。発達障害等に関する理解啓発と合わせて乳幼児期からの相談の窓口、関連の支援施設等を明確に伝えたい。
③学校全体としてできること、④学級保護者会としてやるべきこと、その上に⑤の個別面談がのるようなイメージ。

やはり、早期からの保護者支援が重要です。先に、母親は最も早く気づき、最も早く悩むと指摘しましたが、実は、“最も早く気づき、最も早く支援できる”のも母親なのです。子育ての問題として自らを責める状況ではなく、乳幼児健診等における的確な情報提供とちょっとした不安を相談できる近くの窓口が大切なのです。

乳幼児期に――医学的な診断を受けたか否かではなく――受け止められながら子育てをしてきたか否かが幼児期から小学校入学後の話をスムーズにする鍵だと考えています。

ちなみに、市町村によっては、専門家チーム会議や教育委員会（福祉部署と共同で）の立場で、市内の全小中学校の全家庭配布の「特別支援教育だより」「特別支援教育パンフレット」を発行しています。このような、広く浅く地道な取り組みが学校を支え、最終的な保護者との個別面談を支えることになるのです。

では、以下では先の山の図の③から⑤までを考えていきたいと思います。

2．園長先生・所長先生・校長先生の話の重さ

入園・入学という大きな節目ですから、保護者は自分の子どもの育ちには相当な関心を抱いています。ですから、入園・入学説明会や入学式、年度当初の保護者会はとても大切です。初めての集団生活ということもあり、○同じ月齢の子どもとわが子の育ちに違いがあるだろうか？　○集団での生活になじめるのだろうか？…等、保護者も緊張感をもって耳を傾けているはずです。

○全ての子どもに良い点、そして、育ちの課題となる点がある。
○学校として各担任から、全ての保護者にそれをはっきりと伝える。当然耳の痛いこともあるが聴いていただきたい。
○良い点を伸ばし、課題となる点を乗り越えるための手立ては共に考えたい。
○保護者と学校とで共に乗り越えていきたい。

これを学校長が就学時健診、入学説明会、入学当初の保護者会等で伝えます。そして、担任としても学年や学級で一貫して伝えます。これは、保護者相談・支援がうまくいっている学校に共通していることです。

言葉はよくありませんが、“伏線”をしっかりと敷くことになります。つまり、Ａさん、Ｂさんの保護者だけでなく、「どの子どもにも何らかの課題となる部分ありますで、全ての保護者に伝えます」というメッ

セージです。そして、子育ての悩みや不安に対しては、一緒に解決していきましょうという呼びかけです。

3．相談窓口の見える化

（1）学校内の相談窓口は？

「子どもに“気になること”があっても、相談のきっかけをつかめなかった…」という保護者は意外に多いと思ってください。その意味では、相談窓口の“見える化”はとても大切です。

月に一度発行する“学校だより”には、定期的に相談関係のコーナーを用意することができれば何よりです。「ちょっと気になる○○について」のような小さなコラム的なコーナーで十分だと思います。子どもの育ちの過程で、どの保護者もちょっと気にしているかもしれない課題をさりげなく取り上げていきます。気軽に相談できる雰囲気づくりが大切です。

学年･学級だよりにも同様に、常に“開かれている”ことを伝えます。参観・相談週間があることなどもあらかじめ年度当初に伝えましょう。そして、誰に相談したらよいかを伝えます。場合によっては、担任には相談しづらいこともあるでしょう。きっかけは教務主任の先生でも、教頭先生でも構わないことを明言し、担任だけではない“相談窓口の見える化”を図ります。

（2）学校外の相談機関を“見える化”する

さらに言えば、「学校の先生には言えない、相談したくないが第三者ならば…」ということもあるでしょう。子育て支援センターや親子教室、教育相談センター、あるいは、保健師さんや相談支援センター等もよき相談相手のはずです。“名前を告げない電話相談が可能”であることも伝えましょう。保護者・本人の思いも踏まえるならば、相談先が学校である必要性は全くありません。相談の間口の広さ・裾野の広さ・敷居の低さはとても大切です。

応援団を頼る・呼ぶという“呼育て”をしようという呼びかけをすることになります。

４．保護者向けの講演会の開催

発達障害は分かりにくい障害です。共生社会の実現のためには、周りの理解が欠かせません。幼稚園・保育所・学校は、その地域にとっては文化の中心です。そこに集う保護者の方々に理解してもらうことは、極めて、大切なことです。保護者の理解は校内に止まらず、地域を含めた社会全体ににじむように広まっていきます。その意味で、学校が果たす役割は計り知れないほど大きいと言えます。広く浅く、しかも息の長い取り組みは着実にこの社会を変えていく力になるでしょう。

ですので、子育て全般の中に幅広く、発達障害や気になる行動に関する話題を入れてもらう必要があります。また、公民館が主催する子育て教室や家庭学級、入学説明会、ＰＴＡ研修会等はもちろんですが、就学時健診と並行して研修会を企画したり、ＰＴＡ総会、保護者会全体会を活用してミニ講義を開催したりするなどの工夫も求められます。

共生社会の実現に向けては、学校での障害理解教育が必須の時代となりました。子どもだけでなく保護者にも浸透を図る努力は学校が負うべき責務の一つなのです。

5．担任だけで抱えない・学校だけで抱えない！
――連携機関はある！

（1）担任だけで抱えない

気になる子どもの保護者支援を担任が独りで抱えてはいけません。気になる子どもが在籍するということは、担任は日常の学級経営や授業づくりでも相当な努力を払っているはずです。その担任を支える必要があります。

子どもが仮に30人いて、全ての教科を担当する小学校の先生はなおのことです。面談に際しては複数で進める場合も検討しましょう。聴き役と伝え役の分担も必要かもしれません。正に、校内支援体制が求められます。校内支援体制とは、子どもを校内で支えるだけでなく、担任を校内で支える体制という側面があることを忘れてはなりません。

実は、校内支援体制が機能しているかどうかは保護者にも敏感に伝わるものです。学校全体がわが子のことを真剣に考えてくれているかどうかは感じ取れるものなのです。

（2）外部の支援機関との連携

保健センター（保健師）、発達障害者支援センター（乳幼児期から成人まで幅広い年齢層に対応します）、特別支援教育コーディネーター、都道府県教育委員会（教育事務所）、市町村教育委員会、教育センター、巡回相談員…等、応援団は全国どこにでもいます。

上記以外にも地域独自の連携支援機関もあるのではないかと思います。それらをしっかりと把握する必要があります。

担任だけで抱えないという覚悟と
勇気に応える校内外支援体制と
学校だけで抱えないという
管理職の姿勢が求められている。

（3）保護者支援の連続性という観点

子どもに関しての“引き継ぎ”は必須です。しかし、保護者についてはあまり聞きません。

気になる子どもの保護者支援に関しても、
引き継ぎ＝支援の連続性が欠かせない。

担任は一年一区切りの仕事ですから、当然、交代や転勤があり得ます。しかし、子どもも保護者も転校しない限り、卒園・卒業まで同一校で連続して過ごすことになります。支援にも連続性が求められるのです。同じ支援を連続させるという意味ではなく、前担任から新担任に子どもの情報はもとより、保護者との面談の経過や内容の引き継ぎがなされることが大切です。前年度もその保護者と前担任が話した内容について――それを全く把握しないまま――同じことを聞くとすれば、「去年もお話ししましたよ」と保護者は嫌気がさすでしょう。

気になる子どもの保護者はやはり肩に力が入っています。先生と話すと肩の荷が下りるという体験が大切なのです。

先生と話をすることは悪くない！

「〇〇くんは〜が得意と前担任から聞いています。おかあさんが〜では心を砕いてこられたとも聞いています。」などと、子どものよいところを話題にしながら、保護者の苦労にも触れ、ねぎらうことができるならば安心感・信頼感は確実に高まるはずです。

仮に、その子どもが行動上の課題を抱えるならば、担任としてあせる気持ちはあります。しかし、最低限の目標は“先生と話をすることは悪くない”と保護者がまず思えること――そのためには、支援の連続性を強めること、そして、学校・担任への信頼感を高めることが何より大切なのです。保護者支援の内容も引き継ぐ校内体制の整備が求められていると言えます。

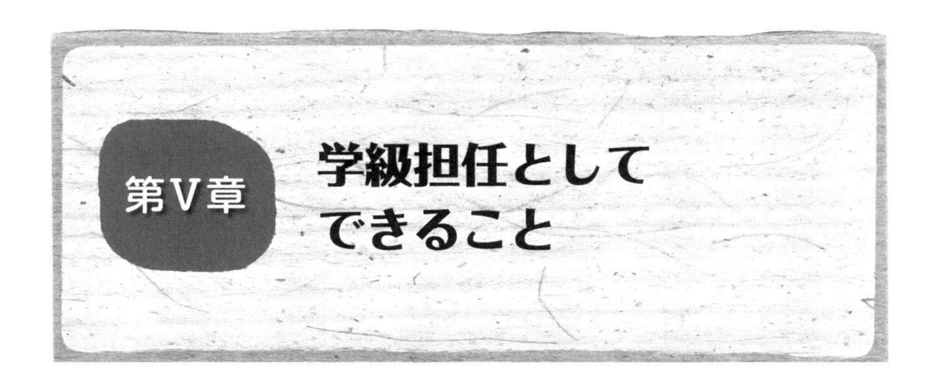

1．まずは学級づくり

（1）トライアングル効果

読者が中堅・ベテランの先生方ならば、とてもうまくいった１年間を振り返っていただけば、その中に答えが隠されているのだと思います。

○子どもが大好きな先生・学級である
○子どもも保護者も先生と話しやすい
○説明してくれる
○対応が明確
○子どもの声をよく聞いている
○子どものことをよく知っている
○診断のある子どもも生き生きと過ごしている
○保護者の話をよく聞く
○親の子育ての苦労に共感している
○子どものよさを伝えている
…等ではないでしょうか。

正に、充実の学級経営そのものが子どもたちだけでなく保護者も交えたトライアングルとなり、とてもいい調和的な音色を奏でていたはずです。

> **＜トライアングル効果＞**
>
> **保護者も学校も周りが元気になれば、子どもも元気になる。子どもが元気になると保護者も教師も元気になり、話もしやすくなる。あたかもトライアングルのような相乗効果が発揮される。そのときの保護者は、**
>
> **○「この子を産んでよかった！ここまで育ててきて良かった！」と本音で思える。**
>
> **○「こうすればいいんだ」という具体的な手立てを得ている。**
>
> **○結果として、子どもの成長を実感し、うまくいく手応えが子育てをさらに前向きにする。**

学級経営・授業づくりという地道な営みが（気になる子どもの）保護者との連携の基盤になっていきます。

（2）子どもの思いは保護者ににじむ
―― 教師と子どもとの信頼関係

読者にお子さんがいたとします。家の中で、お子さんが―― 例えば、夕飯を食べながら―― 学校での様子や担任の先生のことをうれしそうに話すとしたら、親としてもとてもうれしいはずです。「この子は学校が大好きで、担任の先生にかわいがられている！　友達のことが大好きだ」と実感し、安心するはずです。仮に、直接話さないまでも、充実している様子は伝わりますから、安心感が高まります。「あの担任の先生の話ならば、少々耳の痛いことも聞いてみよう」と思えるはずです。

子どもの充実した様子が
保護者の学校や担任への信頼関係の糸口

子どもと担任の信頼関係があってこそ、保護者との信頼関係も確かなものになるのです。

(3) 子どものいい姿が保護者を変える！

逆に、家庭での子どもの状態がよくないときは、「学校で何があったのだろう？」と不安になるでしょう。保護者自身も精神的に落ち着きませんから、子どもの将来のことを冷静に考えられないのです。「学校や担任は何をやってるんだ…」と疑心暗鬼になっていることも考えられます。

すでに触れてきましたが、子どもの学校での状態がよくないときは、「担任の対応が悪いからだ！」と原因を学校に求めてしまうものです。読者のみなさんも逆の立場ならばそのように思うはずです。はじめから「わが子が悪い」と思う保護者はまずいません。そんなときに「お子さんは…が課題になっています」と切り出されたところで、素直に聞く耳を持てるでしょうか。

多くの場合、保護者に気づきはあります。学校でいい姿を実現して、「学校はここまでやってくれた！」と思えるからこそ、本音を語れるのです。保護者が思い悩みながらも、本気で子どもをかわいいと思えるとき、子どもといるときが楽しいとき、子どものことを前向きに考えることができるのです。

そんなときこそ、気持ちに少しの余裕をもって、少し冷静に、そして、客観的に子どもの今と将来を考えることができるのです。子どものことがよく見えてくるのです。「学校・先生のおかげでこんなことができるようになった」と保護者が子どもの成長を感じるとき、真に子育てのパートナーになれるのだと思うのです。

子どものいい姿と担任の支援に
安心感・信頼感を抱くから、
保護者の心の中に
子どもを客観的に見つめる心の余裕が生まれる。

2．保護者会の重要性

（1）学校・教師の真剣さを伝える

保護者会では、まず、担任の教育観・支援観を率直に伝えます。教師の思い・意気込みを伝え、協力をお願いします。教師の真剣さは必ず保護者ににじんで伝わります。保護者は力になってくれます。その上で、保護者会全体会等で学校長が述べたことを学級でも確認することで、学校がチーム一丸となっている雰囲気が伝わり、保護者の安心感は一層高まります。新担任の誠意ある最初の一歩は保護者にとっても大切な一歩になります。

一方、保護者にとっても年度の節目は気持ちの切り替えの節目でもあるのです。新担任を前にして「あの先生ならば相談できるかもしれない」という年度当初の印象はとても大切です。

逆に、「先生は『この子がいると迷惑だ！』と思っている」と気になる子どもの保護者が感じとるとするならば、おそらく、本音の話はできないでしょう。保護者は自分の子どもを先生はかわいいと思ってくれているかどうかを敏感に察知します。

○先生は自分の子どもをちゃんと見守ってくれている
○あの先生ならば自分の子どもを託すことができる

このような実感を保護者が抱けるか否か——それは保護者が半歩前に踏み出せるかどうかの分かれ道だと思うのです。

（２）保護者会の意義・実際の展開

①幼稚園・保育所の場合

幼稚園・保育所の場合には、保護者会が開催されていない場合もあるかもしれません。しかし、園長先生・所長先生が保護者向けに子どもの育ちについて、（入園説明会をはじめとして）話をする機会はあるはずです。園長先生・所長先生の話はやはり別格です。

“保護者会”という名称にするかどうか別として、毎年一度は、そのような機会をもつことで、子どもの育ちを考えるきっかけを用意したいと思います。

②小学校の場合

特に、大きな節目となる小学１年生の保護者会は大切です。子どもたちは読み書き計算という文化に初めて本格的に出会うことになり、友達関係も含む生活も一変するからです。

通級指導教室等を含む支援体制が整備されている小学校では、年度当初の保護者会で発達障害を真正面から取り上げ、「心配なことは相談を！」とむしろ自信をもって保護者に呼びかけている例もあります。しかし、全ての学校がそこまで体制整備ができているかと言えばそうではありませんし、１年生最初の保護者会で発達障害そのものをストレートに取り上げる必要性もありません。

しかし、保護者は純粋に、わが子が初めて取り組む**本格的な勉強や係活動や様々な集団生活のルールに則った生活ができるかどうかに、**

かなりのアンテナを立てているはずです。よくあるつまずき等を例示していくことで、気になることがあれば早めに相談できるように、今後の継続的な相談のきっかけをつくることになります。

相談の入口は限りなく広く、
ハードルは限りなく低く、
気になることを相談する入口は
小学１年生の最初の保護者会！

そのような状況の中で、保護者も「～が気になるのですが…」と家庭訪問や個別面談で言い出せる雰囲気づくりが大切になります。

１年生でない場合も、学年進行に伴って学習内容が難しくなってきたり、友達関係も複雑になってきたりします。その学年なりのつまずきやすいポイント等があります。各学年の年度当初の保護者会でそれらを丁寧に伝え、相談に向けての入口を広く、ハードルを低くする心がけが、保護者との連携の充実につながります。

（３）保護者同士の関係が話をしやすくする！

支え合う保護者の関係づくりも１年生の時期に形作られると考えましょう。お互いの子どもの得意だけでなく、苦手も自己開示し合いながら支え合う仲間になるためのスタートです。「うちの子はね…」と語り合う中で、保護者同士で「そんなに心配なら、先生に相談してみたら…」と水を向け合う雰囲気が大切です。担任への信頼感と支え合う保護者の関係が個別面談の前提として機能していくことになります。

植草学園ブックス　特別支援シリーズ２『今日からできる！　通常学級ユニバーサルデザイン』（佐藤 2015）でも強調しているように、通常学級の特別支援教育は学級集団での支援が前提にあってこそ、個別的な支援が力を発揮します。そして、実は、保護者支援に関しても同様のことが言えます。学級の保護者同士の関係がよいと個別面談等もうまくいくことが多いのです。ベテランの教師はこのことを実感しています。

1年生の1年間が子どもにとって
“学校・勉強”のイメージを
決定づけるほど重要であるように、
保護者にとっても1年生での出会いは
支え合う保護者同士の関係を決定づける
と言える。

ここでは、保護者会を展開する際の工夫について取り上げます。堅苦しい話だけでなく、お互いが出会い、知り合い、進んで語り合い、お互いに支え合えるような、和んだ保護者同士の関係を創り出すためのエクササイズを紹介します。

なお、大切にしたいのは、各学級がバラバラに進めるのではなく、学年団教師で協力して、保護者同士のよい関係づくりを進めることです。子どもも学年進行とともに同じ学年集団の中で友達関係を育んでいきます。同じことは、保護者にも言えるのです。その意味では、保護者同士の関係づくりを丁寧に進める必要があります。

（4）保護者会向け簡単エクササイズ

★「こんなわが子ですシート」

子どもの名前は
私の名前は
<わが子の“いいとこ”は>
<わが子になんとかしてほしいなーと思うところは>
こんなわが子ですが、よろしくお願いします！

①上図のようなＢ５判半分程度のシートを人数分用意します。

②保護者に、“いいとこ”“なんとかしてほしいなー”と思うところをそれぞれ一つは記入するように依頼します。記入を終えたら、このシートを読みながら、二人組になりお互いに自己紹介してもらうことを伝えます。

＊なお、エクササイズ終了後、シートは回収することを伝えます。

Point 1

「“いいとこ”には、例えば、“よく食べる”、“小さい子どもにやさしい”などでも構いません。一方、“なんとかしてほしい”には、“食べ過ぎる！”、“ときどき乱暴なところもある”などでもいいですよ。“忘れ物が多くて困る”みたいなことでも…」などと伝えて、

「後ほど、回収しますから、相談したいことを書いてもらっても構いません」とできるだけ気軽に書けるようにします。

記入が終了したら、いよいよエクササイズの開始です。場の設定として、フリーウォークできるようなセッティング（円陣型やコの字型の机の配置）ができていればなおよいのですが、どのような状況でも実施可能です。

Point 2

「このシートを持って、お互いに自己紹介してください」と言っても全く盛り上がりません。シートを読み合う前に、笑いを取れるジャンケンネタが必要になります。ここでは、“動物ジャンケン”を紹介します。なお、このジャンケンは低学年までならば、学級づくりでも使えます。

〈動物ジャンケン〉

①“グー、チョキ、パー”の確認

「グー」－両手でグーを作って、頬につけて、「ニャン」と言う。
「チョキ」－チョキの形で鼻の穴を押さえるように「ブー」と言う。
「パー」－両手のパーの形を頭の上にあげて「ワン」と言う。

②以上を確認して、ジャンケンをする。

大きな声で、「動物ジャンケン、ジャンケン、ポン」と言いながら、「ニャン」「ブー」「ワン」と言って、それぞれのジェスチャーをして勝ち負けを決める。

基本は二人組でジャンケンで勝った人、負けた人の順にシートを読み上げます。５分もあれば、相手を交代して２～３セッションはできます。

★「こんなわたしですシート（保護者版）」

表

“いいとこ”
なんとかしたいところ

裏

1人目	2人目
3人目	4人目

上記のようなシートを用意します。プライバシーにかかわることもあるので、「オープンにできる範囲でお願いします」と断りを入れつつ、シートには、自分の子育ての“いいとこ”“なんとかしたいところ”を一つでよいので記入してもらいます。「“いいとこ”には『子どもにやさしい』『ときどき、宿題を一緒にやる』など、“なんとかしたいところ”には『つい、せかしてしまう』『最近、注意することが多い』など、なんでも構いません」と伝えます。

記入が終わったら、3～5人のグループ内で回覧し、裏側には“あたたかいメッセージ”を書いてもらいます。グループごとに短時間でよいので、話し合いをします。日頃の子育てそのものを振り返ることになるので、かなり盛り上がります。悩んでいたのは、自分だけではないという安心感や話しやすい人間関係を創りだすことになります。

担任のまとめとして、本書で触れてきたような学級づくりの理念と方針を明確に示し、“子育てを応援したいし、保護者同士でも支え合ってほしい”ことを伝えます。ここでシートは回収します。保護者会に欠席した保護者にも配布し、記入してもらいます。

なお、この「こんなわたしですシート」は子ども版として、出会いの時期の学級活動でも使えます。

★「保護者がつける通知票」

学期末に実施します。保護者の目から見た子どもの「通知票」づくりです。子どもが“頑張ったこと”、“なんとかしてほしいこと”を１つないし２つ程度、シート（「こんなわたしですシート（保護者版）」※裏面は使用しない）への記入を依頼します。ここでも、オープンにできる範囲ということで構いません。

グループごとに、回覧して読み合います。大原則として、応援メッセージを贈り合うことを確認して、「私もそれは困ってる」「こんなふうにしている」等、簡単な話し合いを持ちます。その過程の中で、「実は、うちの子どもは乱暴なところがあって、迷惑をかけてます。申し訳ありません」というような保護者の話が自然にでてくることもあります。

シートは回収します。シートの“なんとかしてほしい”欄に担任が伝えたいその子どもの“困っていること”に近い内容が含まれていれば、個別面談の話しやすさは格段に増します。

★「子育て通知票」「担任への通知表」

「子どもを変えるためには、親が変わる必要があるんです！」と前振りしながら、年度当初に保護者が記入した「こんなわたしですカード」を再配布します。「では、次に、保護者の方々に一学期間のご自身の“子育て通知票”をつけてもらいます！」と伝えます。ドッと笑いがきます。ちょっと間をおいて、「みなさんの前では、お話ししにくいでしょうから、夏休みに始まる個別面談でじっーくりと、お話を伺うことにします！　覚悟を決めておいてください！　わたしの手元にコピーが残っています！」と宣言します。再び、笑いが巻き起こります。

「また、個別面談の際には、年度当初に本校（本学級）の方針としてお伝えしましたとおり、どのお子さんについても“いいとこ・頑張っているとこ”をお伝えします。また、どのお子さんにも、“課題”となっていることがあります。これも合わせて伝えます！」と話します。

真剣な雰囲気になったところで、間髪入れず、「失礼しました。もちろん、個別面談の際には、私（担任）の通知表もつけていただきます。様々な要望を遠慮なくお伝えください。個人的には、伝えにくいという方は、このあと保護者の方々同士でじっくりと練っていただき、クラス委員さんからまとめてお伝えいただいても結構です」と添えます。

（5）保護者会向け簡単エクササイズのまとめ

①お互い様に近い文化のきっかけに

お互いの子育てについて自然に自己開示し、お互いに支え合う雰囲気づくり、そして、「心配なことがあったら、先生に相談してみたら！」と自然に向け合う雰囲気づくりのきっかけづくりになります。

②保護者にわが子の“いいとこ”に注目してもらうこと

母親もパートに出ていたり、下の子どもの世話で手が一杯だったり、家ではなかなかわが子とじっくり向き合う時間は少ない現状がありま す。また、実際に発達障害等の困難さを抱えた子どもの場合、家では しんどさもあります。今一度、わが子の“いいとこ”に目を向けるのは、 大切なことになります。

③個別面談に向けて

シートは回収することになりますので、気になる子どもの保護者が、もし、シートの“なんとかしてほしいところ”に、担任の立場で伝えたいと思っていること・それに近いことを書いてくれるならば、個別面談は大変進めやすくなります。仮に、書いてもらえない場合でも、このシートがあることで、家庭での様子は格段に話題にしやすくなります。

なお、欠席した保護者にも必ず配付して、シートへの記入を依頼します。

（6）学級だよりも関連させて

学級だよりでも折々のエピソードを取り上げ、丁寧な対応と子どもの成長ぶりを示すことができればなおよいと思います。担任の思い・姿勢・方針は、保護者にもにじんでいきます。保護者の担任への信頼感・安心感は子どもににじんでいきます。子どもを中心とした保護者と教師のトライアングルがより確かになります。

以上のような取り組みはあくまでも一例です。これを参考に様々にアレンジしてください。担任としての支援方針を明確に示しつつ、保護者同士の関係の深まりと安心感の高まりを目指します。その過程で、子育てで悩みを抱える保護者同士の支え合う関係もできやすくなります。学級の中にそのような雰囲気ができれば、個別面談での話し合いもかなりスムーズに進むはずです。

3．周りの保護者への説明が求められるとき

（1）やはり年度当初が鍵

乱暴な子どもが学級に在籍し、友達への迷惑行為が多く、保護者の間で話題になり、「周りの保護者にどう説明したらよいのか？」という質問を受けることが多くあります。医学的な診断を受けている子どもの場合とそうでない場合、その子どもの保護者が協力的な場合とそうでない場合…等、ケース・バイ・ケースだと思います。

ここでは、周りの保護者に何らかの説明をする場合にその基盤となる取り組みを提案します。すでに触れてきたように、保護者同士が子育ての喜びや悩みを語りやすい雰囲気をつくり、保護者会に子育てのピアサポート的な機能を持たせます。そのためにも、年度当初からの段階的な取り組みが大切になります。

ア．どんなにいい学級でもトラブルは起きます。トラブルには、子どもたちと一緒に正面から向き合って、全力で解決することを約束します。

イ．いじめをはじめとした友達関係での悩みも担任としてできるだけ受け止める努力をしていきます。しかし、うまく受け止めきれないこともあります。子どもから学校の悩みを保護者に語ることがあったら、支障のない範囲で遠慮なくご相談ください。

ウ．学級全体にかかわって、不安なこと・心配なことがありましたら、遠慮なくご連絡ください。保護者会等で説明の機会を設けます。

かつて、子どもは、近所の人に叱られるというのはむしろ当たり前のことでした。今は他人の子どもを叱ったら大変なことになるでしょう。逆に、家の手伝いや地域の清掃活動等に参加すると「しんちゃんはえらいね！」等と近所の人にほめてもらえる機会もありました。つまり、かつては、地域そのものに子育ての機能が仕組まれていたので

す。

本来、地域や保護者同士で解決していたことが――その地域集団がうまく機能しない現代だけに――地域で解決されず「あの乱暴なAさんのことはどうなっているのですか？　保護者会で説明してください」と詰め寄られることにもなってしまいます。

（2）子どもと教師との信頼関係が何より大切

子どもと教師の信頼関係は家庭での会話で必ずにじんで伝わります。「ときどき、Bくんに叩かれることはあるけど、先生はいつも守ってくれている、先生がいるから安心！」という子どもの教師への信頼と安心感が一番の鍵になります。繰り返しになりますが、保護者に対する説明の大前提に、子どもと教師の信頼関係がなくてはならないのです。

（3）保護者の思いも子どもににじむ

学級づくりの過程で担任の思いは子どもににじんでいきます。同様に、保護者の思いも子どもににじんでいきます。

学級、担任、友達に対する保護者の思いは子どもににじんで伝わる。

保護者の学校、担任、友達への肯定的な見方は、子どもに伝わり、担任の学級経営を側面から支える大きな力になります。学級の取り組みに対する保護者の理解は極めて重要です。

逆に、保護者の担任への不信感が学級づくりに強い影響を及ぼすこともあります。ですから、年度当初の保護者会全体会で校長先生から「担任に対する不信感を子どもの前では絶対に口にしないでください。

そのような保護者の気持ちは子どもにも必ず伝わります。子どもの担任への信頼関係に傷がつきます。もし、何かありましたら、私（校長）か教頭にお伝えください」と伝えている学校が増えているようです。それほど、年度当初の保護者会や日々の学級経営は重要です。

（4）いい学級づくりのチャンスとして受け止める

わが子のこととはいえ、担任に苦情を伝えるというのはとても勇気がいることです。わが子を思い、学級を思ってくれる保護者の気持ちをしっかりと受け止めます。そして、そのような保護者は事情をしっかりと把握してもらえれば、必ず、担任の味方・力になってくれる保護者なのです。

その意味では、いい学級づくりのチャンスと前向きに受け止めて対応しましょう。

（5）保護者からの申し出はしっかりと受け止める

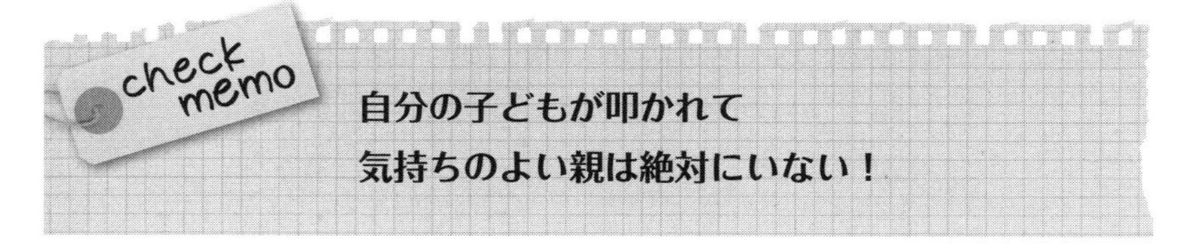

保護者から何かしらの申し出があったときは、担任として行き届かなかった点は十分お詫びし、事後の対応・指導をしっかりすることを伝えます。わが子だけでなく、学級全体の状況を保護者の立場で心配してもらっていると考えて、まずは感謝の気持ちを伝えることが大切

になります。「事実関係をしっかりと確認した上で、ご説明します」「皆様にご協力をお願いすることもあるかもしれません。そのときは、ぜひ、お力添えください」と力を合わせて学級づくりをしたいという姿勢を示しつつ、丁寧な対応をします。

（6）事実関係の確認

学級での様々なトラブルの背景には、必ず、何らかのきっかけがあります。しかし、「○○さんがいけない！」というように、子どもと保護者の側に一方的な思い込みや固定化された印象を持たれている場合があります。しかし、現実には、その○○さんにちょっかいを出して、きっかけをつくっている子どもが存在することも多くあります。事実関係を十分に確認します。

（7）チームで説明責任を果たす

事前に学年団、管理職、特別支援教育コーディネーター等とよく相談をします。年度当初からどのような方針で取り組んできて、現状はどうなのか、そして、さらなる具体的な手立ては何なのか、説明責任を丁寧に果たします。必要があれば、教頭先生等の立場のある教師に同席してもらい、学校全体で対応しているという姿勢を示すことも大切です。

「いろいろあっても、“先生や学校は子どもたちを守ってくれている。安心して任せられる”」と思ってもらうことが大切です。

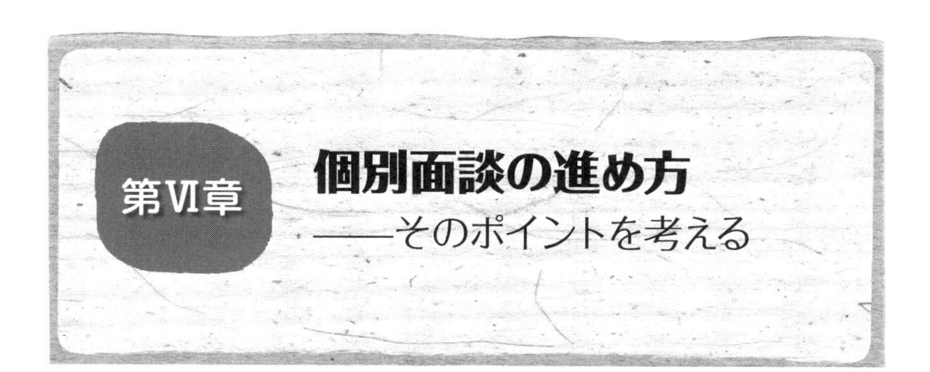

第Ⅵ章 個別面談の進め方――そのポイントを考える

1．はじめに――医療に学ぶ

（1）保護者の気づきがすでにある場合

私たちは体調が悪く困っているときに病院に行きます。仮に、その病院のドクターから「あなたが悪い」「もうダメですよ。病院（学校）では手に負えないのでご家庭で何とかしてください」と言われたらどうでしょうか。病院では、仮に治りにくいことが事実であったとしても、ドクターは「薬を処方しますから、必ず飲んでくださいね。大丈夫ですよ、治りますから」と具体的方法（＝薬の処方）を示しながら、励ますはずです。入院や手術が必要であったとしても、患者の気持ちを前向きにするために、具体的な治療方法や計画、見通しを示すはずです。

学校はどうでしょうか。面談に来てくれたということは――すでに気づいているケースが多いですから――その時点で何らかの処方箋＝具体的方法を期待していると考えましょう。「○○さんのために力を合わせましょう」と語り、励ます機会にする必要があります。

しかし、そのような場で逆に「あなたのやり方が悪い」「学校では手に負えない、家庭で何とかしてほしい」と言われたらどうでしょうか。医療に学ぶべきことは多くありそうです。

（2）保護者に気づきがほとんどない場合

多くの場合、保護者に何らかの気づきがあると考えて間違いはなさそうですが、乳幼児健診でも特に指摘がなく、第一子の場合は比較の対象がないために、気づきが弱いことがまれにあります。近所や園所の子どもの様子との比較から「あれっ？」と思うことはあっても、その時点ではスルーしています。

例えば、人間ドックをイメージしてみましょう。全く自覚症状はなかったにもかかわらず、かなり深刻な再検査項目があるとしたら、すぐに、セカンドオピニオンを得るために、病院に行くのではないかと思います。かなりの不安と戸惑いを抱えてインターネットでも必死に調べることでしょう。

仮に、面談に来て、ほとんど心当たりがないのに、教師からいきなり「お宅のお子さんは落ち着きがないです」と指摘されたとしましょう。自覚症状はない感覚ですから、保護者は相当なショックを受けるでしょう。「先生のやり方が悪いからではないですか？」と——口にするかどうかは別として——心穏やかではないはずです。帰宅後、すぐにスマホやパソコンで“落ち着きがない”と検索するはずです。今はすぐに、“ADHD”がヒットします。不安と戸惑いだけを家庭に持ち帰る面談にしてはいけません。

本章では、実際に面談を進めていく順番をイメージしてまとめてみました。

2．初回面談のゴールを確認する

　初回の面談はその後を決定づけるほど重要だと思います。そして、面談の成否はゴール・着地点をどこに設定するのかにかかっていると思います。しかし、そのゴールも単純に設定できるものではなく、相談内容によっては違いが出てきそうです。本節では、ゴールを設定する際のポイントを検討してみたいと思います。

（1）事前の確認・検討事項

　どのような場合でも、以下のことだけは事前に把握・検討しておく必要があります。

○巡回相談を依頼し、学校・担任の支援の在り方も含めて、事前に様子を見てもらい客観的な指導を受ける（＊それによって事態が好転することもある）。
○友達とのトラブル等の場合には、「いつ・どこで・何がきっかけで・誰と・何をして・どうなった？」という前後の客観的な状況について十分に把握する。
○その把握やそれに基づき、学校・担任としてこれまでも手立てを尽くしてきたことを丁寧に伝えることができるようにする（＊これが伝わらないと「厄介者扱いしている」という印象を保護者は抱きかねない。あるいは、「相手の友達が悪い」「学校の対応が悪い」「学校の指導は甘い」という不信感のきっかけになりやすい）。
○行動上の問題に目が行きがちだが、小学校の場合は読み・書きがとても苦手で、授業参加そのものが困難になったり、様々な問題の原因になったりしていることがある。ひらがな、カタカナ、漢字の読み書きの状況について、この機会に改めて確認する。
○本人はそのことを「どう思っているのか？　どうしたらよいと思っているのか？　どうしてほしいと思っているのか？」等を丁寧に聞き取り、

保護者に説明できるようにしておく（＊意外にこれがなされていないことが多い）。

学校・担任としても十分に誠意をもって努力してきたことが伝わるように、整えておく必要があります。

（2）ゴール設定のヒント

友達への暴力やパニック等について面談することを想定して、以下にまとめました。

ア．まず“いいとこ”（家庭や地域生活で頑張っていること・進んでやっていること）の把握
イ．最近、本人から家庭で話題にしていること（学校でのこと・地域生活のこと）の把握
ウ．トラブルの原因や様子も含めての事実の確認と共通理解
エ．上記のウ．に関する子ども本人の思いや今後に向けて話していることの共通理解
オ．関連して、家庭や地域生活、これまでの育ちで「気になっていること・困っていることはないか？」等、様子の確認
カ．家庭でも（＊追及的にならないようにと十分に申し添えて）、トラブルに関する本人の思い（どう思っているのか？あるいは、“学校・担任のやり方への不満”も、この機会にあえて聞いてほしいと伝える）、困りやしんどさは何なのか、本人とよく話し合ってもらいたいことを伝える（＊幼児や低学年の場合は、うまく伝えることができないことも十分に含んで、無理なく聞き取ってもらうように）。

面談の進み具合によっては、「学校・担任として支援が不足する部分はあるが、本人も相当なしんどさを抱えて困っている様子なので、巡回の先生に会ってもらえないか？（あるいは、相談機関に行ってもらえないか？）」と切り出すことは可能だと思います。

しかし、それよりもまず、事実の共通理解のための本人への聞き取りを家庭でも丁寧にしてほしいと依頼します。そして、「担任としても力が及ばない点もあるはずなので、この機会に、家庭でも学校や友達や担任への思い（担任への不満等もあるならば、それも含めて）を丁寧に聞き取ってほしい」と伝えます。「その後、もう一度面談したい」と日時を確認し、「学校でもそれまで再度、支援を見直してみたい」と確認できれば十分だと思います。

事実としてのトラブルは歴然としてあるのですが、“誰が悪い・何が悪い”という犯人捜しの姿勢ではなく、“公平性”を打ち出すことが大切です。

“一番困っている”のはその子ども本人です。子どもの思いにまずはお互い共感し合い、共通理解し、支援の充実を図りたいという姿勢を伝えます。これが伝われば、初回からボタンを掛け違えることはまずありません。

（３）友達への迷惑は少ないものの、離席や不注意傾向が強く学習参加が困難な場合

基本は上記と同じだと思いますが、「離席」等の場合に一つ検討したいことは、実際には授業の様子を隠れて見てもらう必要もあるということです。そのことを保護者の方から申し出てくることもあるかと思います。筆者も「家庭ではそんなこと（じっとしていられないこと）はない。学校が甘いからだ」という厳しい口調で譲らない保護者に「本当に申し訳ありませんが、隠れて様子を見てください」とお願いしたことあります。辛い選択ではありました。

後で分かったことですが、保育現場でも厳しく指摘され、家庭でも気になることが多々あったのです。「１年生になったら頑張ってくれ

ると期待していました」とポツリと語ってくれました。でも、親はやはり子どもに期待する存在なのです。

最後に自分自身を納得させる材料が必要なときもある。

気は進みませんが、最終的には、隠れて子どもの様子を見てもらうことも提案します。ですが、初回のゴールは前述の（2）のカ．で十分だと思います。学校の様子を丁寧に伝えて、本人の思いを保護者の立場でくみ取ってもらえれば、確実に次につながります。

（4）読み書きの困難さ等の学習に関する内容の場合

暴力や離席以上に、子ども本人の話をよく聞いておく必要があります。「何回書いても覚えられない…」「どうしても漢字だけが読めない…」「一字一字読む感じになってしまう…」――子ども本人の苦手意識や素直な感覚を事前に十分に把握しておきます。書いたり、読んだりの困難さは努力不足と誤解される典型ですから（家庭で過度な読み書き練習を強いることのないように）保護者にも慎重に伝えます。子どもの作品やノートのコピーなど、保護者も目にすることができる資料を用意する必要があります。初回のゴールとしては（2）のカ．で十分です。

保護者の様子によっては、初回に「力不足なのですが、読み書きの支援は担任一人の力では限界があります。学級で配慮できることは多々ありますが、通級指導教室等の専門的な支援が必要な場合がほとんどです。『実際にどこまで読み書きできるのか、できないとすれば、その背景や原因は何かを調べる検査』があるので、できればご了解ください。読み書きは全ての教科にかかわるため、学年進行とともに○○さんの困難さが増していくことが予想されます」と丁寧に伝えつつ、教育センター等への相談を進めます。

いずれにしても、保護者に学校に来てもらう以上、十分な説明ができるよう備える必要があります。

面談に先立って、
これまでの支援の経過を整理し、
子ども本人の思いも含めて、
保護者に伝えることができるように準備する。

3．面談の依頼

かつては、「保護者を呼び出す」「保護者を指導する」という表現で、学校が上から目線で保護者のしつけ方の修正を求める色合いが強い時代もありました。しかし、すでに触れてきたように、保護者も「困っている」状態にあることを十分に想定する必要があります。両親共働きの家庭もあるでしょうから、面談日や時間帯の設定には、幅を持たせながら依頼をする必要があります。

依頼（の電話）とその印象が
面談の成否を決定づける。

連絡帳に日にちや時間帯等に幅のある依頼内容を丁寧に書いて、さらに、幼稚園・保育所で送り迎えの際に会えるようでしたら、「連絡帳にも書きましたが…」と伝えるようにします。

いずれにしても、来校してもらい、結果としては、耳の痛い話を聞いてもらうことになるわけですから、少なくとも、その入口では丁寧に保護者にお願いします。

4．保護者はその子にとって一番の専門家、保護者は子育ての先輩である

モンスターペアレントという表現に象徴されるように、確かに、理不尽な要求をする保護者がいるのは事実です。しかし、どのような事情があるにせよ、私たち教師は親に代わることはできません。虐待の事実等があれば適切な対応こそすれ、おごり高ぶることは禁物です。

教師は同じ年齢段階・発達段階の子どもたちをたくさん見ています。その意味で、近い年齢層の子どもに詳しい横断的な見方の専門家です。しかし、ある一人の子どもを見た場合には、その誕生から今日までを知り尽くしている保護者が一番の専門家なのです。そのことに敬意を払いましょう。保護者からの学びの姿勢を常に忘れずに、その上に築かれるパートナーシップでありたいと思います。

例えば、その子どものよさを伝えつつ、学校で苦戦している点を話すときにも「～のようなことが実はあって、後で○○さんに話を聞いたら、とてもしんどそうでした…。家庭でも似たようなことがありましたでしょうか？　あったようでしたら、どんな対応をしたらいいか教えてください」と、むしろ相談をもちかける姿勢が欠かせないのです。すでに、保護者なりの工夫があり、それに学ぶこともあるかもしれません。保護者によっては、「実はそのことで相談したかった」と、何らかのきっかけを待っていることもあります。

5．ねぎらいと情報共有――聴く姿勢

（1）まずは感謝から

保護者に「伝えたい」「何とか納得してもらいたい」という気持ちで一杯になっていませんか？　もちろん、学校・教師が伝えたい内容があり、保護者が「はい、分かりました」と二つ返事が返ってくるならばそれに越したことはありません。

しかし、現実はそうではありません。教師のあせる気持ちは確実に保護者に伝わります。まずは、様々な事情がありながらも、都合をつけて学校まで足を運んでくれたことへの感謝・ねぎらいの気持ちを伝えましょう。

“面談”というステージに
上がってくれたことへの感謝

「お疲れさまです。本日はありがとうございます」の一言は欠かせない大切な言葉になります。思い悩むことが――本音で何も一切無いとしたら――面談には来ないはずです。来てくれた保護者は心のどこかで何かのきっかけを待っていたり、「今度の先生ならば何かヒントをくれるかもしれない」と願っていたり、「大丈夫！　このままでいい！」と自分自身を安心・納得させたいと思っていたりするのです。その思いにまずは寄り添いましょう。ですから、面談に来てくれたこと自体に“感謝の気持ち”を伝えましょう。

（2）次にねぎらい――“ぶるな・ともに”

子育てには喜びも多いが苦労も多いものです。まずはそのねぎらいが大切です。特に母親への敬意・ねぎらいは大切です。最近、“イクメン”

という父親をねぎらう言葉が使われていますが、“イクママ”という言葉は聞きません。母親は子育てできて“当たり前”と思われるので、その苦労がねぎらわれる機会は意外に少ないのです。「おかあさん、いつもご協力ありがとうございます」というねぎらいこそ、まず必要なのです。

教師・専門家ぶった姿勢は不要です。必要なのは子育てを“ともに”の姿勢です。そして、学校からの苦言ではなく、責任をもって“手立て”を示す姿勢です。“ぶるな・ともに”――この姿勢を忘れずにいたいものです。

（3）そして聴く――傾聴愛（リスニング・ラブ）

イソップ物語の『北風と太陽』のたとえにあるように、保護者が様々な不安や戸惑いの気持ちが詰まった重いコートを脱げるようにするためには、“説得”し、“納得”を求める前に、保護者の置かれている状況を“納得”する姿勢が何よりも大切だと思うのです。

＜共感の“あいうえお”＞

- **○あいづちを打ちながら聴く**
- **○（こちらは）いいすぎずに話す**
- **○うなづきながら聴く**
- **○（時に）えがおで・真剣に、えんりょしないでと言いながら**
- **○おだやかに聴く**

結果として、「また来て相談してみたい！」と保護者が思って面談を終了することができれば、その面談は大成功だったと言えるのではないでしょうか。

傾聴愛というステキな言葉があります。時間が許す限りという制約はありますが、まずは聴きましょう。「話してスッキリした」「聴いてもらってスッキリした」という言い方を私たちも使いますが、とりあえず話すだけで、気持ちは整うものです。自分の気持ちや思いをひとしきり話してしまうと心が落ち着き、逆に、相手の話を聴くスタートラインに立てるのです。

相談と支援・アドバイスをひとまず切り離して考える姿勢が大切

人は思っていることをひとしきり話してしまうといったんそれに満足する。
ここでようやく
“相手の話を聴く”スタートラインに立てる。

聴いてもらえる心地よさが、相手の話を聴くことに結びつくのです。

（4）家庭の様子から情報交換・情報共有する

まずは、子どもの頑張りからさりげなく話題にしましょう。いきなり、「○○くんは～で苦戦しています」という話になれば、保護者はますます“構える”でしょう。突然の強い北風にあおられれば、コートの襟を立て、身体をさらに固くするでしょう。

教師がその子どもの学級での頑張りを語りながら、保護者の方から「ずいぶんとほめていただきましたが、実は、家ではこんなこともありまして…」と語れる雰囲気が欠かせません。その上で、支援の手がかりを得るために学校と家庭における“事実の共有”が大切です。

単純なのですが、まずは、情報交換と情報共有です。これがあるから、同じスタートラインに立てるのです。わざわざ学校まで来てもらうわけですから、ぜひ、子どもの家庭での頑張りや子どもの好きなキャラクターや家庭でブームになっていることも聞いてみたいものです。その情報を基に“頑張り表”や“約束カード”等でキャラクターをうまく使いたいものです。

○できていること（頑張っていること） **○できかかっていること** **○課題となっていること** **○家庭でのブーム** **○手伝い活動** **○好きなキャラクター等を把握する**

この段階で、保護者から家庭での悩み事を語ってくれるならば、それに越したことはありません。「先生は頼りになりそうだ！」と思えばきっと自ら話してくれるに違いありません。

（5）保護者からヒントをもらう姿勢

家庭での様子を確認しながら、保護者なりのかかわりの工夫があるはずです。先に触れましたが、“保護者はその子どもの一番の専門家”です。誰よりもすぐ側でその子どもの育ちを支え、見守ってきたわけですから、その歴史に学ぶ必要があります。

「そんなふうにされているんですね」「同じやり方を学校でも試してみますね」と教師が語るとしたら、保護者にとっては大きな力になるはずです。「自分のやり方は間違ってなかった」と思うでしょう。そして、「この先生はちゃんと話を聞いてくれる人なんだ」と信頼関係を切り開く糸口になるでしょう。

6．子どもの“いいとこ”を伝える

（1）子どもをほめることは保護者をほめること

子どもの評価は保護者の子育ての評価です。いきなり、子どもの課題を突きつけられるだけでは、「あなたの育て方が悪いからだ」と親失格の評価されている印象を与えかねません。まずは、“いいとこ”“頑張っていること”を優先して伝えましょう。子どもの“いいとこ”や学校での頑張りを伝えることは、母親の子育てを評価することになるのです。

子どもの評価＝子育ての評価
子どもをほめることは、
保護者の子育ての努力をほめることになる。

すでに触れてきたように、初めから語らないまでも、家庭では何らかの苦労があるはずです。子どもをほめることで、子育ての努力を認めてもらえる安堵感、分かってもらえる安心感を保護者が抱くことが大切です。「この先生は子どもや私のことを分かってくれそうだ」という感覚が大事なのです。

（2）“いいとこ”をつくりだす！

「○○さんの“いいとこ”を見つけられない…」と語る先生にときどき出会うことがあります。事実、友達への乱暴や教師への反発ばかり…。正直、お互いの顔を見るのもいや！という煮詰まった状況になっているケースです。

そんなときは、ちょっとした荷物を運ぶのを手伝ってもらうなど、さりげない行動を共にする姿勢が大切です。結果として、「ありがとう、助かったよ！」と言える機会をつくりましょう、意図的に！です。確実に、関係に変化がうまれます。それさえもできそうにない…という場合は、その子どもとの関係が比較的よい第三者の教師に同様の取り組みをしてもらい、「○○先生が～してもらって助かったと言ってたよ。ありがとうね！」とさりげなく伝えましょう。教師の手伝い活動を頼んで、やりきれることは“いいとこ”に他なりません。「先日は○○さんが～してくれて助かったんですよ！」と、保護者にも伝えることができるはずです。それを家庭でも話題にしてもらいましょう。

7．説明責任を果たす姿勢

（1）説明責任・実行責任・結果責任

言葉としては、ドキリとするような言い回しですが、学校・担任はこの３つの責任を負います。何を目的に、何をしてきたのか、何ができたのか、何ができなかったかに責任を負うということです。“できた”ことはもちろんよいのですが、“できなかった”ことについても責任を負うということです。先に“事前の確認・検討事項”の項（P.66）でも触れたように、学校・担任として把握していること、それについてどのような体制で支援してきたかの経過、その結果として、“できたこと・できなかったこと”を明確にすることは、“学校だけでは及ばないことがある”ことを伝えることにもなります。

医療は“何を治療するために、どのような方法で（薬の処方、レントゲン、血液検査…等）、どの程度の期間の治療が必要か”等、手立て・方法が非常に明瞭です。あるいは、「この病院では、胃のバリウム検査はできるが、胃カメラはない」…等、“できること”や“できないこと”がはっきりしているのです。自分自身にはその技術もなく、施設設備もないにもかかわらず、「では、次回は～の手術をしましょう」と言うドクターはいません。

**「～はできません」と説明することも、
専門家としての責任ある姿勢・在り方である。**

教育や学校は医療ほど明確にはできないものの、その子どもについて目標としてきたこと、尽くしてきた手立て、その結果を示しつつ、「学校ではここまでできたが、この先については保護者と専門家（巡回相談員等）の知恵と力を借りたい！」とお伝えするのだと思います。「現在の学校・担任の力量では及ばないので、保護者と専門家の知恵と力を借りたい」と“できない”ことを率直に詫びつつ、一番困っている子ども本人を助けたいという思いを誠意をもって伝える必要があるでしょう。

学校で医学的な診断をするわけではありません。この先のその子どもへの“応援計画案”を保護者と専門家の知恵と力を借りながら作成したいのです。

**面談は保護者・（巡回相談等の）専門家の
知恵と力を借りながら、
その子どもへの“応援計画案”を
共に作成する会議である。**

（2）家庭で改めて、子どもの話を聞いてもらう

初回面談のゴールはここまでで十分だと思います。小学校入学前後の子どもだと必ずしもうまく話すことができず、聞き取り切れない場合もありますが、本人の話を聴く姿勢そのものが何より大切だと思います。冒頭で、"座りたいけど・座っていられない"ケースを取り上げましたが、実際の行動と子どもの本音は一致しません。まずは、その本音の思いも含めて、学校と家庭相互の事実確認とその共有が大切です。

子どもの一番の理解者・味方は紛れもなく保護者です。子どもの本音の思いに保護者が触れることができれば、必ず、半歩の踏みだしを期待することができます。学校での子どもの様子と本人からの聞き取りの内容を保護者に丁寧にお伝えし、「ご家庭でもお子さんの話を聞いてあげてください」とお願いします。そして、大切なことは「この機会に担任や周りの友達に対して（不満に）思っていることがあるかもしれません。この機会に聞き取っていただけませんか？」という公平で謙虚な姿勢です。この一言があれば、学校・担任の子どもを思う真剣な気持ちが保護者にも伝わります。"次回の面談の日時"を決めれば、初回面談のゴールは達成です。

（3）具体的なサービスやシステムの説明

もちろん、（2）の時点で、結果として「（学校で）そんなことはない」と息子は言ってました…と、言われてしまうこともあります。だからこそ、改めて子どもの事実や思いに関する聞き取りと同時に、「担任や友達に対する不満の聞き取りもお願いします」と伝えるのです。

２回目以降には「支援を受けるメリットにはこんなことがあります」と今後の具体的な支援・サービスの話もします。例えば、仮に、巡回相談の先生が来て、保護者と話してもらえるとどうなるのか？　通級

指導教室（特別支援学級、あるいは特別支援学校）というところはどんなところなのか？　いったん、通級指導教室に通ったり、特別支援学級に在籍したりすると通常の学級には戻れないのか？　そこに通うと（在籍すると）通常の学級の勉強はどうなるのか？　仮に、特別支援学級に入った後、普通高校の受験はできるのか？　大学受験は大丈夫なのか？　大学センター試験の発達障害特別枠とは何なのか？…素朴な疑問を抱くはずです。

福祉系のサービスでは、小学生以上ならば放課後等デイサービスの利用が可能なこと、さらには、もし障害者手帳を取得するならばそれに応じたサービスを受けられること等も、概要を把握しておく必要はあるでしょう。

支援を受けることのメリットを説明できなければ「先生はどこまで分かっていて、センターに行ってほしい、通級指導教室に行ってほしいと言っているか？」と不信感を招きかねないのです。

「具体的な内容の詳細や手続きについては、次回は巡回相談の素敵な先生に同席を依頼しますので一緒に聞きましょう」で構わないと思います。しかし、保護者に面談に来てもらうからには、私たちはその概要を事前に把握し、必要があれば説明できるような準備をする必要があります。「先生は先々まで見通してくれているのだ」という安心感につながるはずです。そのためには、面談の事前段階でも、巡回相談等のリソースを積極的に活用する必要があります。

＜資料としては下記のホームページを参照＞
○教育支援資料（文部科学省）──就学までの流れ、各障害の特徴と支援の要点、教育の場等。
○みんなのメンタルヘルス総合サイト（厚生労働省）──主に発達障害に関する福祉系サービス等。
○大学入試センター──センター入試に関する「合理的配慮」等。

8．次につなげる！――「先生と話すことも悪くない」

面談を進める際に、私たち教師の側に“説得したい・納得してほしい”という気持ちが強すぎれば、その思いは必ず保護者に伝わるでしょう。“説得”“納得”のあせる気持ちは結果として遠回りの道を選択することになります。保護者は「何を求められているのか？」についてとても敏感です。

「先生と話をしてよかった」という手応えや安心感、そして、子育てのちょっとしたヒントを家に持ち帰ってもらってこその個別面談です。

絶対ぶらしてはいけない基本軸は、子どもの今です。このまま苦戦する状況を続けていては、その子どもにとってよくないこと、支援を受けると必ずよくなることを伝えることだと思います。

子どもが一番“困っている”。
子どもにとっての“最善の利益”を
おだやかに・真剣に伝え続ける。

9．初回面談のゴールにも届かない…

前半で、“本書のテーマは、教師の立場では最も伝えづらい困難な課題であり、保護者の立場でも最も受け入れがたい課題でもある”と書きました。ですから、初回面談のゴールにさえ届かない…、家庭で子どもの話を聞いたが学校・担任が言っていることと違う…等、話が平行線のままになることもあり得ます。

仮に、保護者の納得・協力が得られない場合にこそ、支援の一層の充実を図る必要があります。これも冒頭で確認しましたが、面談の目的は“支援の充実”です。保護者の協力はあくまでも――もちろんその力は大変強力なのですが――そのための一つの方法です。一つの方法を欠いたからといって、支援の充実が図れないわけではありません。学校の教育（保育）目標に即して、その子どもにとっての最善の利益を実現する責務が学校にはあります。

面談に至る過程で様々な準備をしたはずです。巡回相談等の校外支援機関との連携の在り方やその重要性も見えているはずです。それらを踏まえ、校内外支援体制を改めて整える必要があります。

並行して、以下の第Ⅶ章“具体的・実際的に支える”にある内容を保護者に提案してください。これは面談が不調に終わることを最後に食い止める大きな役割を果たします。

もちろん、保護者の納得・協力してくれる場合も、第Ⅶ章の内容はとても大切です。

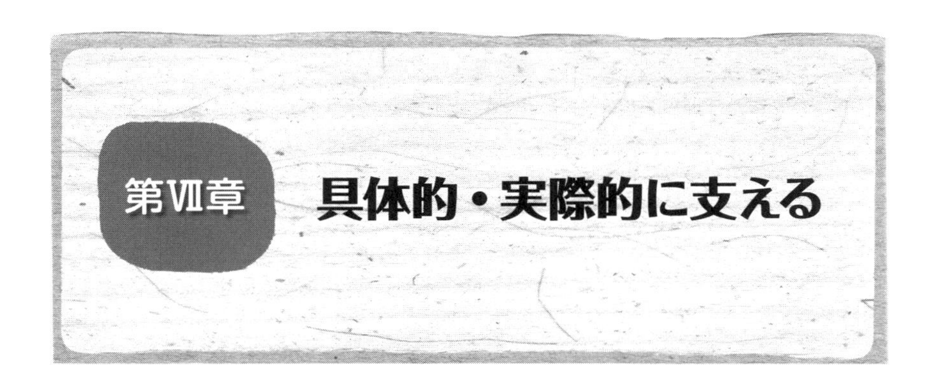

第Ⅶ章 具体的・実際的に支える

忙しい合間を縫って学校まで足を運んでくれましたから、個別面談には必ずお土産が必要です。その一つは先に触れたように「先生と話すことも悪くない！　また来て、話を聞いてみるのも悪くない！」という心理的なお土産です。

しかし、もう一つ大切なお土産があります。これはいわば、この後の私たちと保護者との信頼関係を一層深めることができるか否かの分かれ目になるぐらい大切かもしれません。それは家庭で取り組んでほしい手伝いや頑張りカードなどの具体的な提案です。

1．生活を共にするということ
——親としての戸惑いと困惑…

（1）知的障害のある娘の父親として

すでに触れたように、筆者は知的障害のある娘の父親です。娘は、すでに29歳になり、年月を経るにつけ、大らかに受け止め、あらかた納得し、しんどい部分についてもそこそこ折り合いをつけて生きています。しかし、それでもなお、「どうしてこれができないのだろう？

分からないのだろう？」「何でそんなことをするの！？」「何回言ったら分かるの！？」と―― 恥ずかしながら―― 今でも戸惑い、時に、声を荒げ、自責の念に苦しみ、悩むことがあります。知的障害教育・発達障害教育に長年携わってきてなおです…。虐待される子どもたちが（発達）障害を抱えているケースが多いことは、親の実感としても理解できます。

また、親といえども、一人の人間です。「あれもしてみたい、これもしてみたい」と思うことは多々あります。しかし、例えば、外出一つとっても―― 福祉サービスを利用すれば様々な生活の幅があるのですが―― 生活上の制約は当然あります。例えば、娘を一人残しての外出は当然できませんし、親は急いでいるのに、娘が何かにこだわって遅れてしまう…家庭生活を共にするということはそういうことなのです。分かっていたって、しんどいことは多々あります。“受容”という言葉はなじまないと冒頭で触れた実感は、正にこのようなことなのです。

（2）発達障害の場合は？

発達障害の場合を考えてみます。知的障害の娘の場合は、明らかにできないことがあり、やむを得ないと思えることの方が多いのですが、発達障害は事情が違ってきます。あることは他の子どもよりもとてもよくできます。その一方で、極端にできにくいことがあり、さっきはできたはずなのに…どうして？　なぜ？と、こちらが混乱・困惑することも多々あるでしょう…。

知的障害のある娘の父親の感覚でしかありませんが、おそらく、上記のような戸惑いや混乱があるだけに発達障害のあるお子さんを育てる保護者の複雑な思いは、相当なものだと思います。その点を教師は十分おもんぱかる必要がありそうです。

2．不適応という適応の現実

例えば、帰宅後すぐに、スナック菓子１袋を食べ、ジュースを３杯飲み、仕上げにプリンを２つ食べる子どもがいました。客観的にはどう考えても、子どもの言いなり・子どもの言うがままの生活状態であり、極めて不適切・不適応状態なのです。

「あの親は甘いから…」と教師はそのようにささやいていないでしょうか？　しかし、その状態で家庭生活が安定してきたという歴史があることを教師は知る必要があります。親として「このような生活を毎日続けていい」と思っているはずがありません。それは、表面的には平静を装う保護者自身が一番思い、悩んでいることです。これまでも、止めさせようとしてきた歴史があったはずです。しかし、止めようとして、パニックになってしまえば近所迷惑になったり、家の壁に穴が空いたり…。そういう現実とのせめぎ合いの中で、ギリギリ折り合いをつけてきての現在なのです。

客観的には明らかな不適応状態も、
家庭の中では極めてリアルな
適応状態になっている。

3．“手がかかる”を改善することが連携の目的か？

学校、家庭で“手がかかる”場面は当然あります。この子どもたちは障害という困難さ故に、“できない・うまくいかない状況”に置かれがちです。それを学校と家庭でどう支えるのか——具体的な手立てを共通理解する必要はあります。保護者が望むならば、可能な限り話し合い、手立てを尽くしたいと思います。学校として家庭、保護者にできることは何なのか？　できることは限られていても努力したいのです。しかし、ここでの連携は保護者支援の本質ではありません。

先に、子どもに気になる行動があっても、まずは“いいとこ”応援に尽きると述べました。保護者支援・連携も全く同様です。なぜならば、誰であっても“手がかかる”というネガティブな状況改善への精神的・物理的負担感は限りなく大きいからです。

私たちも得意なことに関しては進んで取り組みます。しかし、苦手意識のあることはどうでしょうか？　苦手なこと、現在の自分自身の力ではうまくできないことを何とかしてほしいと言われたところで、そう簡単にことは進みません。

障害のある子どもを支えながら、炊事、洗濯を含む家事をこなすこと自体が実は大変なことです。まして、兄弟姉妹がいる場合はなおのことです。“手がかかる”ことの改善を図るよりも、ありのままを受け止め、抱えて生活する方がはるかに楽な場合もあるのです。保護者のリアルな生活実感にも思いを寄せておく必要があります。

家庭でも子どもの得意をさらに活かす、
できることをさらに伸ばす、を原則に！

“手がかかる”現実の改善に関する連携は、本人や保護者が希望する範囲において検討されるべきです。

4．“具体的・実際的”に徹する

極めて、大切なポイントになります。「先生に言われたとおりにやってみたらうまくいった！」という保護者の手応えが担任との信頼関係を確かなものにします。

（1）具体性

①子どもができることから

娘は就学前の数年間、知的障害就学前施設に通っていました。その頃、ある一つの手伝いがその後の娘とわが家での生活を大きく変えることになりました。

当時は友達へのひっかきがあったり、ボッーとしているかと思うと突然走り出したり…と、全てがうまくいっていない時期でした。当時の担当の先生が―― 娘が牛乳を好きだったこともあり ―― こんな提案をしてくれました。それは、落としても割れないメラミンのコップを用意して、それで牛乳を飲んだ後、流し台に「ポットン」とする手伝いでした。極めて単純な活動で、「ポットン」と音もすることから、終わりも分かりやすく、娘だけでなく、親の立場でも簡単にできそうでした。

結果として、「ポットン、ありがとう！」とほめる機会も増え、娘もまんざらではないようでした。何よりこの手伝いには発展性がありました。次に、“好きな牛乳を飲む前にコップを持ってくる→牛乳を持ってくる→飲んだらコップを「ポットン」する→牛乳を片付ける→コップを洗う→ 25 年経った今では、毎日、全ての食器を洗う”につながっています。

**子どもをほめる機会を増やすつもりで、
子どもが確実にできることを提案する。**

②保護者ができるということ

目標を共有化すること自体、とても意味があります。その際に、大切なことを確認します。それは、“今日からできること・することが明確な活動と手立て”を示すことです。これが鍵になります。「家に帰ったら～すればいいんだ！」と思える具体性です。

少なくとも言えることは、家庭で保護者ができなかったことを責めてはいけません。それは選択した活動と手立てが間違っていたのです。大切なことは以下に尽きます。

保護者の自尊感情が高まること

保護者の「やれそう！　やってみよう！」という子育てへの意欲が高まるからこそ、家庭も学校もうまく回り始めトライアングル効果が発揮されるのです。家庭でやることやその手立ては具体的・実際的であること——これに尽きます。

（2）日常性

①親の生活実感は…

仮に、家庭・地域生活づくり関して教師として何らかの支援をするとします。「〇〇さんには～が必要なので、～のような支援をしてください」とアドバイスをしたとします。客観的には非の打ち所のない的確で具体的な内容で、わずか 10 分程度で終了するとしましょう。

ここで、教師は履き違えてしまいます。

確かに、客観的には、“たかが10分”かもしれないのです。しかし、親の主観としては、“されど10分も”なのです。兄弟姉妹がいるかもしれません…、炊事洗濯掃除もあります…、一人の人間としてやりたいこともあるでしょう…たかが10分ですが、その時間は確実に犠牲になるのです。“犠牲とは何事か！　誰だって子どもが少年野球チームに入りたいと言えば、早くから起きて弁当をつくったり、送り迎えしたりして親の時間を削っている。親ならばそれぐらいは当然だろう！”と教師は保護者に対して強弁できるでしょうか？！

子どもが大好きで進んで行う活動ならば、保護者もそれを励みに頑張ります。しかし、もし、（少なくともやり始めは）子どもがやろうとしなかったり、やったことでイライラしてしまったりがあるとするならば、その10分間は相当長く感じることでしょう。

②たかが10分・されど10分

今から25年前、筆者は娘と一日10分間は勉強すると心に決めました（勉強といっても遊び的な要素が多分にありましたが）。それを6年間続けました。今でこそ、わが人生で“頑張った”と思える誇りの一つですが、その10分が筆者の生活の一部になるまでにどれほど苦労したでしょうか…。客観的にはともかく、主観的には、確かに“されど10分”でした…。子どものための10分がしんどいというこの感覚は親失格でしょうか？！　少なくとも次のことは言えます。

子どもの生活づくりは保護者の生活の変更を確実に迫る。
つまり、子どもの生活づくりは保護者の生活づくりである。
保護者が無理なく毎日（定期的に）続けることができることが大切。

このことを心にとめて支援したいと思います。どれほど具体的で有効な手立てであったとしても、保護者の負担感が大きければ継続は不可能になります。取り組んだ様子を保護者が連絡帳や記録用紙に簡単に書けたり、子どものノートにシールを貼ったり、子どもが好きなスタンプを押したりするなど、日常的に取り組めそうな手立てにする必要があります。学校でも家庭でもスタンプを貯めることができ、10個貯まったらご褒美があるのもいいでしょう。このような頑張りカードは工夫次第で子どものモチベーションを確実に高めるでしょう。

仮に、続けることができないとすれば、ここでも、選択した活動や手立てに無理があったと考えましょう。保護者が置かれている状況も踏まえて、見直しをしましょう。

（3）有効性

例えば、伝えたいことを文字にしたり、絵にしたりする視覚的な手がかりを使うことは、私たち教師にとってはすでに当たり前の手立てになりつつあります。しかし、保護者に“視覚的な手がかり”という発想はありません。簡単なイラストを用意したり、日常的によく使うもの・こと・ひとにかかわる写真をスマホに撮りためて、それを見せたりするだけでも有効な手立てになることを伝えましょう。家庭で無理なく実践できる有効な支援を提案し確認します。

必要があれば、家庭の中で具体的に活用方法なツールを保護者とも確認の上、学校側で用意します。もちろん、担任が一人で抱えるのではなく、校内支援体制の中で組織として取り組みます。

子どもができることがもちろん大前提ですが、最終的には、保護者が続けることができて、それなりにうまくいっているという感覚が大切です。

保護者ができる手応えを感じ取ることができる。

「続けることで効果がありそうだ！」と思えるとき、子どもと家庭と学校のトライアングル効果が最も発揮されるでしょう。「先生の言うとおりにやってみてよかった」という実感は、確実に私たちと保護者の距離感を縮め、信頼関係が深まります。

逆に、「先生の言うとおりにやったけどうまくいかなかった」と感じるならば、教師への信頼度は高まりません。結果として、保護者の力がわく――「大丈夫！」「このままやればいい！」と思える提案を考えることに校内で知恵を絞る必要があります。

「子どものために」というわが子にかける保護者の思いの深さや広さは担任には計り知れないものがあります。「これでいいんだ！」と思えるときの保護者の底力に、我々の力は決して及びません。確かな見通しと目的、そして、保護者にもできる具体的な方法が明らかになれば、保護者は力を振り絞ることでしょう。これを手にすることができるような面談にする必要があります。

**仮に、センターに相談に行くこと等を
保護者が納得しないまでも、家庭できる手伝い
や関連の頑張りカード等を提案することで、
お互いの信頼関係が深まる面談にする。**

なお、“頑張りカード”等については、『逆転の発想で魔法のほめ方・叱り方』佐藤 2017）を参照してください。

5．「あの先生は熱心だから…」と保護者が思える！

保護者は「担任の先生は自分の子どものことをどう思っているのだろう？」ということに敏感だと書きました。教師の言葉や姿勢からそれを感じ取ろうとします。ですから、いったんボタンを掛け違えてしまうと、「やっぱり、あの先生はうちの子どものことを分かってくれない…、親のことを分かってくれない…」というベクトルが働いてしまうのです。

しかし、それは逆に言えば、教師が子どものことを思う真剣な気持ちや保護者の立場を重んじる姿勢も、保護者には確実ににじんで伝わるということなのです。

結果として、保護者が特別な支援を受け入れない場合でも、教師の熱心な姿勢は保護者の心に響くはずです。それは、決して、目立つことのない地道な営みかもしれません。今すぐには実を結ぶことのない教育実践の一つかもしれません。しかし――保護者の心には確かに残っているであろう――教師からの真剣な一言は、数年後、「あの先生の言ってくれたことに間違いはなかった…」ということに、改めて気づくときがくるはずです。

教育実践には、今現在よりも、
未来こそが正当な評価を下すときがある。

保護者が納得してくれなければやはり気持ちはへこみます。しかし、真剣に熱心に向き合ったその取り組みは保護者に確実に届いています。そのことに確信をもって頑張りたいと思うのです。

第Ⅷ章 すでに診断を受けた子どもの保護者支援こそ大切にする！

1．奇跡の小学校

（1）1年生の運動会本番

A小学校で実際にあったエピソードを紹介します。当校では、5月に運動会を実施していました。1年生にとって、5月末の運動会はもともと苦戦の要因になります。特に、発達障害の子どもにとってはしんどい場合もあります。時間割が変更されたり、少しずつ暑くなることも多かったりするからです。

ある子どもは勝ち負けへのこだわりがとても強く、練習段階から大変な苦労をしていました。負けたときには、周りに砂を投げつける…、勝った友達につかみかかる…その姿は周りの子どもたちも凍りつくほどでした。本番を前に教師は、もし負けて暴れてしまったときには、すぐに補助の教師が抱きかかえるなどの体制を整えました。

しかし、本番の緊張感や応援の声や音、保護者席の熱気…いつもとは全く違う当日の異様な雰囲気に、その子どもにも相当なプレッシャーがあったのでしょう…玉入れで負けた後のパニックは想定以上のもので、会場全体が騒然とするほどでした。当校の子どもたちはもちろん、保護者でも彼のことを知らない人は誰一人としていない状況になりました。

（2）２年生の運動会

１年後です。運動会当日の保護者席ではこんなささやきがあちこちであったのです…「去年の運動会で暴れていた子は大丈夫？！」と…。しかし、２年生の競技種目も何事もなく、終わっていきます…「転校したの？」「○○教室（＊通級指導教室）に通っているらしい…」「いつも、教室で頑張って普通に勉強してる！」「すごいねー」…と。周りの保護者は次々と彼の保護者に「○○ちゃん、すごいねー、お父さん、お母さん、よかったですね！」と声をかけたとのことです。

（3）事実で示す！——百聞は一見にしかず

事実で示す——どのような言葉での説明よりも、これが最も説得力があります。百聞は一見にしかずなのです。教師の説得を受け入れ、相談機関・医療機関にかかわり、通級指導教室に通うことを決断したのは保護者です。医療的な診断名がつくことを覚悟の上での決断でした。その保護者の決断に学校が見事に応えて見せた瞬間が２回目の運動会でした。

子どもが変わる事実は
保護者の決断に応えることである。
子どもが変わる事実は
学校全体の空気を変える。
子どもが変わる事実は
教師の自信を確かにする。

（４）その後のＡ小学校

その子どもの１年生の運動会での印象があまりにも鮮烈だったこともあり、彼の１年間の成長ぶりと学校一丸となった努力に、どの保護者も驚き、納得し、力を得たのです。学校に対する保護者の信頼感は急速に増し、「通級指導教室について教えてください」「うちの子どももちょっと心配なところがある…」等、自然に相談できる雰囲気ができてきたとのことです。

子どもが変わる事実は、
気になる子どもの保護者を変える力がある。

気になる子どものことがつい話題になりがちですが、すでに診断を受けた子どもの支援にしっかりと責任を持つこと――これが何よりも大切です。そして、その保護者が「診断を受けてよかった！」と納得できること、診断を受けたことでメリットが感じられる時代にする必要があるのです。

その成果は、気になる保護者にも確実に伝わっていくのです。

２．ゴールラインとスタートライン

筆者が小学校勤務時代、気になる子どもの保護者と面談を重ね、保護者が「分かりました…通級指導教室のことを検討します」と保護者が納得してくれると、その瞬間にホッとしている自分がいました。「あー、ようやく、○○さんのお母さんが納得してくれた！」と“ゴールテープを切る”感覚になっていました…。

しかし、保護者の立場ではどうでしょうか？　本書の冒頭に触れたように、“ゴールの見えないスタートラインに立つ感覚”“出口の見えないトンネルの入口に立ち尽くす”感覚かもしれません。ここに大きなミスマッチの原因があるのです。「ようやく、専門機関に任せることができる！」という気の緩みです。

保護者にとって苦渋の決断の瞬間は“出口の見えないトンネルの入口に立ち尽くす感覚”である。

確かに、これまで面談にも積極的でなかった保護者が相談ベースに乗り、さらに、面談を繰り返すうちに、相談機関に行くことを納得してくれるとすれば、教師・学校としても胸をなで下ろす感覚になるのは事実です。

しかし、面談の目的は“子どもへの支援の充実”だったはずです。保護者の決断は、教師にとっては確かに一つのゴールラインかもしれませんが、支援の充実に向けた新たなスタートラインでもあります。先に触れたように、保護者の決断に応えるためにも、これからの方がむしろ大切なのです。

3．保護者が受け止めたからこそ、支援を強める姿勢！——関係機関との連携

（1）保護者の決意と覚悟

繰り返し述べてきましたが、「自分がその子どもの保護者だったら…」と考えましょう。容易に受け止めることのできないことを目の前の保護者は受け止めたのです。言い得ぬ戸惑いや不安を抱えつつも、一歩踏み出す決意を固め、将来に向けても覚悟を胸に秘めたのです。

その思いにしっかりと向き合う必要があります。私たちからすすめ

て、受け止めてもらった以上、それに応える責任があると言っても過言ではないでしょう。

（2）相談機関任せにしない！

相談機関や医療機関に通うということは、当然、保護者が付き添うことになるのです。そのような物理的な負担に加えて、精神的にも、「どんな困難が、いつまで続くのだろう…」という終わりの見えない不安感を抱えることになるでしょう。相談機関から、医療機関を紹介され、さらに障害告知を受けるとなれば、様々な葛藤や拒否したくなる気持ち、そして、「これまでどうして分かってあげられなかった…」という自責の念も抱えることになるでしょう。

相談機関や医療機関に通い始めてからの支援が大切！

学校・担任は保護者が相談機関に通い始めると、安心してしまいます。むしろ、大切なことは、この先の連携支援なのです。相談機関や医療機関と保護者、そして、学校・担任との連携なのです。保護者の決断と覚悟を責任をもって受け止める姿勢です。そのためには、より一層いい支援を実現する必要があるのです。それが学校としての責任です。ゴールの見えないスタートラインに立つ保護者に、少しでも進むべき道を示し、「これでよかった」と思える事実をつくりだす必要があるのです。

（3）相談機関・医療機関との連携・活用

①アドバイスを活かす

相談機関・医療機関は様々なアドバイスをしてくれます。ある一定間隔でその機関に通うことになりますので、「学校へのアドバイスをお願いします」と保護者に依頼しましょう。家庭での配慮事項だけでなく、学校での配慮も含めてアドバイスをくれるはずです。

そして、保護者との定期的な連絡・面談の機会を通して、それらを把握する必要があります。相談機関・医療機関からのアドバイスの全てを学校の中で実践できるわけではありません。しかし、ヒントになることは必ずあります。それらを日常的な学級づくり・授業づくりで活かします。

このような姿勢を示すことそのものが保護者の思いに応えることになるのです。

②アドバイスをもらう

受け身で考えるだけでなく、むしろ、積極的に相談機関・医療機関を活用しましょう。学校でよく頑張っている点を伝えることはもとより、逆に、苦戦していることもあるかもしれません。それを伝えましょう。三者で共有しましょう。

先に触れましたが、学校だけ、担任だけで抱えてはいけません。応援団を積極的に頼る姿勢は欠かせません。保護者を通しての相談はもちろんですが――保護者も了解の上――電話での相談にも応じてくれるはずです。

相談機関や医療機関からアドバイスをもらう。

③服薬がある場合

養護教諭・看護師との情報共有は必須です。その薬の作用・反作用は確実に把握しましょう。離席やパニック等の行動上の困難さに処方される薬の場合は、服薬し始めた頃の支援が大切です。

養護教諭（看護師）の協力も得ながら、「魔法の薬をもらってきたんだって！」等と服薬による子どもへの期待効果を高めることも大切です。ドクターからの指示を守り、学校での変化を簡単な記録に残す必要があります。ドクターは学校での様子は分かりませんから、学校の様子を把握して服薬量の調整をすることになります。

そして、何よりも大切なことは、服薬で落ち着いた様子が見られるならば、すかさず、「それでいいんだよ」とその姿を認め、ほめることです。子ども自身が、自分が落ち着いている体感を感じ取っていくことが――薬の力を借りなくても――自分をコントロールすることにつながるのです。

服薬がある場合は、学校・担任、養護教諭（看護師）、ドクター、家庭との連携を一層強める必要があります。

（４）校内支援体制の確立と引き継ぎ

上記を担任一人でまわそうとすると、やはりかなり負担感があります。管理職、特別支援教育コーディネーター、養護教諭、通級指導教室担当、特別支援学級担任との連携が求められます。近年、多く耳にするケースは、学校や元担任が苦労しながらも保護者を支え導いて、相談機関・医療機関に通い始めても、担任が代わった途端に、その後の学校と新担任側のフォローがないために、保護者はいつのまにか相談機関・医療機関に行かなくなっているというケースです。校内支援体制が機能せず、担任任せになっているのです。これは絶対に避ける必要があります。

「学校（担任）から説得されて相談機関に行ったのに、その後、学校は何もしてくれない」と思えば、保護者は落胆するでしょう。裏切られた気持ちにもなります。学校の責任としての組織的な対応、丁寧な引き継ぎによる支援の連続性が強く求められています。

（5）個別の指導計画・個別の教育支援計画・相談支援ファイル

①個別の指導計画・個別の教育支援計画

個別の指導計画・個別の教育支援計画という言葉は、幼稚園・保育所の先生方には耳慣れない言葉かもしれません。小学校でも通常の学級担任の先生の中には初めて聞く方もいるかもしれません。特別支援学校ではすでに全ての子どもについて作成しています。通級指導教室や特別支援学級では、その作成が少しずつ進んでいる現在進行形の状況です（次期学習指導要領では義務化されました）。さらに、通常の学級の場合は、まだまだ努力義務の状況にあります。

この言葉を初めて聞く方は、ぜひ、一度、特別支援教育コーディネーター担当の教師に尋ねるか、各都道府県教育委員会（特別支援教育関係部署）もしくは教育センター（特別支援教育関係部署）のホームページをご確認ください。その自治体が推奨するフォーマット等が掲載されているはずです。

これらの計画書には、これまでの支援の状況や成果・課題、関係機関からの情報や保護者との面談記録など、その子どもに関する情報がまとまっていると考えてください。保護者に対して学校として責任をもって子どもを支援しますという「宣言書」「応援計画案」とも言えます。ですから、今後は幼稚園・保育所、小学校の通常の学級か否かを問わず、配慮を要する子どもがいる場合には、その作成が求められる時代になります。

②相談支援ファイル・ライフサポートファイル

一方で、自治体の多くは相談支援ファイルやライフサポートファイルと言われるものを用意しつつあります。幼稚園・保育所の先生方にはこちらの方がなじみがあるかもしれません。上述した個別の指導計画・個別の教育支援計画は学校保管の文書になりますが、相談支援ファイルは基本的には保護者が保管し活用する点に特徴があります。

ちなみに、千葉県では約70%強の自治体が用意しています（平成28年度末現在）。相談ベースに乗った保護者に福祉部や教育委員会が手渡しています。

相談支援ファイル・ライフサポートファイル
―― 学校を含む相談機関等からの情報をファイルしていくことで、生育歴や関係者からの支援の情報がまとめられている。
保護者が保管・管理し活用する。

特別支援学校ではすでに全ての子どもに個別の指導計画・個別の教育支援計画を作成していますので、相談支援ファイルをリンクさせる取り組みが始まっていますが、通常の学級では残念ながら、まだそこまで至っていないことの方が多いと思います。

先の千葉県の調査では、「相談支援ファイルは活用されていますか？」という設問もあります。「よく分からない」「活用されていない」を合わせると約70%になります。保護者を説得し、相談や受診を勧めて、ファイルも渡していながら、学校を含む周りの関係者は、その存在すら知らない…、活用しようとしない…という保護者の立場では大変ショッキングな現実が一方ではあるのです。

相談支援ファイルを受け取ることは
保護者の決意の表れ

③支援と連携の見える化と共有化

個別の指導計画・個別の教育支援計画も、相談支援ファイルも、その大きな特色は、"支援と連携の（経過の）見える化"を図ることにあります。仮に、引き継ぎに際しても十分に担任間のフェイス・トゥ・フェイスの時間確保が十分にできない場合でも、それらの資料がファイリングされていることで、"誰が・いつ・どこで・どんな支援をして・どうだったのか"が把握できます。

個別の指導計画・個別の教育支援計画も形式張った形や内容にこだわる必要は全くないと思っています。学年会、校内委員会、保護者面談の内容の記録用紙や相談機関・医療機関情報、実際の支援に際しての手立てや経過・成果のメモをファイルしていく形からスタートして十分だと思います。少なくとも、情報が散逸し、「そのやり方は○年生のときに、□先生がたくさんやってくれたんですよ」等と保護者から指摘を受けるような事態だけは避ける必要があります。

支援と連携の共有化と見える化を図るシステムが求められる。
組織的で継続的な支援体制は、いずれは必ず、気になる子どもの保護者にもにじんで伝わる。

4. 一時の救い・一生の不安・一瞬の迷い…

（1）一時の救い・一生の不安…

かつて、「診断を受けることは保護者を救うことになる」と言われました。今でも、その側面があります。本書でも触れてきましたが、"子どもの評価は子育ての評価"ですから、保護者からすれば、「子どもに落ち着きがないのは、子どもに多動性というしんどさがあったからであって、自分の子育てがダメだったからではない…」と心に落ちることで救われるというものです。その意味で、確かに、診断は保護者にとって“救い”になります。保護者が安堵する面はあるのです。

しかし、筆者は、それは“一時の救い”と、いつも、強調しています。なぜならば、一時の救いもつかの間、「小学校では大丈夫だろうか？」「勉強についていけるのか？」「高校に入れるのか？」「就職はできるのだろうか？」「結婚は？」…見えない不安と同時に、「○○障害？」「○○の特性？」「通級指導教室って？」「特別支援学級？」「特別支援学校？」…耳慣れない専門用語の数々に戸惑いを抱えることになります。

診断は“一時の救い”であるが
“一生の不安”の始まりでもある。

（2）一瞬の迷い…

ある保護者は本音を語ってくれました…「今でも、一瞬、迷うことはあるんですよ」と…。「自分で自分が怖くなるときがある…虐待母になってしまいそうです…」とも…。診断を受け止めて、通級指導教室に通い、様々な連携支援を受けてなお——特効薬は決してありませんから——学級での状況も好転せず、家庭でも兄弟げんかやパニックが毎日のようにあり…「どうしようもないときは、息子を叩く代わりに、100円ショップでたくさん購入してある茶碗を玄関に置いてある段ボールの中で叩き割ることにしています。先生、ごめんなさい…息子への当てつけです…。でも、そうでもしない限り、息子を何度でも叩いてしまいそうです…」と打ち明けてくれました。

壮絶な修羅場とも言える現実を前に、教師という――極めて第三者の――無力を感じ、自分の微力さを恥じるしかありませんでした。

診断は決して保護者のストレスを救わない。

医療機関の受診は大変重い決断です。それが救いになることもあれば、不安や戸惑いにもなります。繰り返しますが、特効薬はありませんから、うまくいかないこともあります。しかし、保護者は期待をします。仮に、医療機関にかかって、通級指導教室に通う等のサービスを受けてもなお、子どもが変わらないとするならば、「うちの子はやっぱりダメ…」と、保護者は追い込まれ、一瞬の迷いを抱えることもあるのです。

（3）だからこそ支える！

面談の目的は“支援の充実を図ることである”と冒頭に書きました。しかし、上記したように、相談機関・医療機関に行っても、通級指導教室等の特別なサービスを受けても事態がすぐにはよくならず、それゆえ、保護者はあせり、余計に不安を募らせていくことがあります。だからこそ、支えるのです。

面談の目的のもう一つは、“学校と家庭とで力を合わせること”です。決め手になるような手立てがすぐに見いだせるわけではありません。しかし、診断を受けたからこそ、支えましょう。話を聴くことしかできないかもしれません…しかし、支えましょう。

**保護者の納得の瞬間は、
学校として保護者を支え続ける決意と
覚悟を決める瞬間でもある。**

5．母校でありたい！――親は一生・教師は一時、教師の一時は子どもが二度と戻れない一時

（1）親は一生

もう10年も前のことでしょうか。朝、知的障害のある娘が鼻水を流しながら起きてきました。それを目にした妻が「親は一生だよね…」とポツリと語りました…。

“親は一生　教師は一時”という言葉を読者はご存じでしょうか。特殊教育時代からある言葉で、「うちの子にどれほど手がかかったとしても、先生の仕事は一年一区切りで、担任も代われるし、転勤もできますよね…。でも、親は一生なんですよ！」と半分は皮肉の言葉として語られました。しかし、筆者は、妻の口から“親は一生”という言葉を聞くことになるとは思ってもみませんでした。

娘は心理検査で“測定不能”と判断される重度の障害程度なのですが、奇跡的に一般企業に就労しています（『特別支援学校・特別支援学級 担任ガイドブック－知的障害教育100の実践ポイント－』佐藤愼二 2013、東洋館出版社）。しかし、鼻水も上手にかめません。娘が鼻風邪をひくと、出社すれば会社に迷惑になりますから、その日は会社を休みます。わが家では娘が会社を休むと、パートとして働く妻か筆者のいずれかが年休をとります。身の回りのことを完全にできない娘だけをわが家に残して夫婦で家を空けることはできないのです。親が年休をとらざるを得ないのです。もう 29 歳になるにもかかわらず…です。“親は一生”とはその事実を見事に言い当てるリアルな言葉であることを改めて思い知らされました。

どれほどすばらしい教師でも親に代わることはできません。親は一生、その子どもと何らかのかかわりをもちながら生きることになります。仮に、読者がどれほど支援を要する子どもを担任していたとしても、わずか一年が区切りの仕事なのです。しかし、親は一生ですよ！という厳しい言葉が、“親は一生・教師は一時”です。

（2）“母校”――それが教師の一時

筆者の娘は養護学校（特別支援学校）を卒業して 11 年にもなりますが、未だに週に一度は卒業アルバムを見ています。「もう一度、学校に戻っていいよ」と言えば、喜んで戻るような気がします。それほど学校・先生が大好きです。

“母校”という言葉を聞かなくなって久しいです。筆者は未だに卒業アルバムを見る娘の姿を通してようやく“母校”という言葉の意味を知りました。母親のお腹がたとえどれほど居心地がよかったとしても、二度と戻ることはできません。あの学校で、あの先生とどれほどいい時間を過ごしても、あの学校に二度と戻れない…「あ～、そうなんだ！　だから、いい時間を過ごして卒業した学校のことを、“母校”と言うのだ！」…と。娘がどれほど望んでも、“学校”は二度と戻ることのできない場所であり、時間だったのです。

その意味で、教師の“一時”の責任は極めて重いのです…子どもが望んでも二度と戻れない“一時”を支える仕事ですから…。

しかし、卒業して 11 年になるにもかかわらず、「今からでも、あの先生のいる学校に戻りたい！」と願うような事実を創り出すことができるのも教師の仕事であるとすれば、その仕事は他に代えがたく、大変やりがいのある、何と尊い仕事なのだろうと思うのです。

（3）改めて、保護者の“覚悟”に向き合う姿勢

知的障害のある娘の親の感覚で語るのですが、やはり、発達障害という大変分かりにくい障害を受け止めることのできる保護者は ── 繰り返しになるのですが── それなりの覚悟と決意を胸に秘めていると思います。「自分がその子どもの親だったら…」 ── この想像力を決して欠いてはいけません。

これからの時代はその決意と覚悟に責任をもって向き合い、“子どもの成長”という結果で示し、保護者の期待に応えることのできる学校にする必要があると考えています。

幼稚園・保育所・小学校教育の一層の充実・発展のために、共に力を尽くしていきましょう！

おわりに

障害者差別解消法元年の悲劇を乗り越えて
―エクスクルージョンと差別意識の深層―

平成28（2016）年7月26日、相模原の障害者施設で凄惨な殺人事件が起きました。亡くなられた方々のご冥福を心からお祈りします。

今回の事件は、障害のある娘をもつ父親としてやり場のない憤りを禁じ得ません。許せません。一方、教育者としては――共生社会を標榜するものの――その取り組みは未だ道半ばであり、むしろ、緒に就いたばかりであることを思い知らされることとなりました。

しかし、同時に、容疑者の動機が明らかにされる過程で、我々の心に宿る得体の知れない葛藤的心情が惹起されました。極めて不快な気持ちにさせられたのも事実です。それは、「障害は不幸である」「障害は社会や家族の負担である」…等の――すでに過去の亡霊として葬り去られたかに思われていた（否、思い込もうとしていた）――優生思想という衝撃でした。

ナチスの時代からは77年、そして「ある社会が、その構成員のいくらかの人々を閉め出すような場合、それは弱くもろい社会である」（1979年『国際障害者年行動計画』）と国連が宣言して、すでに40年という歳月が経過しました。だが、今なお、我々の心の深淵の闇に横たわり、そこに宿る心情を容疑者は白日の下にさらしてみせました。

我々は容疑者の行為を残虐無比の非道な犯罪であると言い捨てること

はできます。だが、果たして、「障害は不幸である、負担である…」というその思想性を一片の迷いもなく断罪できるでしょうか？　それほど、我々の社会は成熟しているのでしょうか？　その根源的な問い直しが求められることになりました。

すなわち、容疑者が振りかざした刃は、他でもない我々一人一人の胸にも突きつけられたのです。

思えば、相模原事件のわずか２週間前に、血液による新型出生前診断で陽性反応が出た妊婦の90%以上が中絶を選択しているという新聞報道がなされました。この報道を一体どれだけの人々がわが事として受け止めたでしょうか。中絶された方々に迫られた苦渋の決断を思えば、安易な議論は避けるべきです。そして、今回の事件と中絶という選択を単純同列に比較することはできません。しかし、なお、わが身の立場に引きつけて「あなたならば中絶しますか？　しませんか？」と突きつけられるならば、どう思うでしょうか？…「障害は不幸である、障害は役に立たない、障害は家族や社会の負担である…」という優生的な思想と否応なしに向き合うことになります。

先の容疑者との思想的共通性にふと気づくとき、毛骨悚然たる思いにとらわれ、我々はそこに立ち尽くします。

だが振り返れば、わずか10年前まで学校教育法上、障害のある子どもたちは「心身の故障」（旧第72条）があるため、「欠陥を補う」（旧第71条）教育の対象とされていたのです。

さらには、「優生上の見地から不良な子孫」としてその「出生を防止」（優生保護法第１条．1996年に「母体保護法」に改題）される対象になっていたのです。これらは異国の法制上の話ではなく、紛れもなくわが国の話です。

妊娠中の胎児の障害の有無で思い悩む我々の心情と容疑者との思想性とは全く相容れず、無関係だと言い張るならば、それは知的退廃になります。一方で、その関係性を自覚しているにもかかわらず、あえてそれに目を背けるならば、それは道義的退廃になります。

繰り返しますが、今回の事件は全く無抵抗の重度の障害のある方々を殺戮するという、言葉では尽くせないほど残酷卑怯極まりない事件です。

では、その被害に遭われた方々とそのご家族に、そして、今、学校に集う子どもたち、その保護者の方々に何ができるでしょうか？　保育・教育に携わる我々にできることは何でしょうか？　保育・教育として、そこに責任の一端を負うとするならばそれは何でしょうか？

それは障害者差別解消法元年に起きた悲劇として、未来永劫に渡って我々の記憶に留めることです。そして、我々自身が今一度、エクスクルーシブな差別意識の深層に向き合う中で、インクルージョンの本質を問い直し、その理念と方法を鍛え上げることです。障害者差別解消法が目指す共生社会のありようを描き、その形成に力を尽くすことであるに違いありません。

それは極めて原初的ではあるのですが、お互いの共感性の喚起から始まるしかないのです。そして、その成否は、正に、保育・教育という地道な努力の営みにかかっているのです。目と気持ちを背けることなく、問い考え続けたいと思うのです。

　つまり、

自分が中途障害を抱えることとなり、「あなたはもう必要ない」と言われるとしたら…？

自分の子どもが障害を抱えるとしたら…？

自分のお腹のあかちゃんに障害があると分かったならば…？

　そして、

障害とは自分が負っていたかもしれない不利である。

障害とは自分が負っていたかもしれない不便である。

障害とは自分が負っていたかもしれない不安である。

障害とは自分が負っていたかもしれない不運である。

障害とは世の中の誰しもが負う可能性のある、また、人生の晩年で負うこととなる困難です。

しかし、それらの不利や不便や不安、その不運を、その困難をお互いに支え合うことを私たちは誓い合って生きているのです。

「すべて国民は、健康で文化的な最低限度の生活を営む権利を有する。」（日本国憲法第25条）これが現在のわが国です。

障害のある娘との暮らしを29年続けてきました。確かに手のかかることも多く、生活上の不利や不便を感じることはありました。そして、それだけをあえて挙げればきりがありません。

障害のある娘と暮らす中で、今現在の生活に何の不平や不満、あるいは、不安もないのかと問われれば、答えは、否になります。将来への不安はさらに大きく、親自身の老後、親亡き後の娘の生活のあり方も頭をかすめる年齢になっているからです。

正直に言えば、娘に障害がなかったならば…と、ふっと思うこともあります…。私たち夫婦はともかく、娘には全く別な人生があったはずなのです。それを思えば、やはり、娘が障害を負ったことは確かに不運なことではありました。

なぜならば――どれだけこの社会が成熟しえたとしても――障害をあえて望む者は誰一人としていないだろうから…。

だが、しかし、これだけは容疑者に強く突き返したい――娘を含む私たち家族は不幸ではありません！　幸せです！（『生活中心教育研究 第29号（2016.12）』掲載を一部修正）

本書が「障害」「障害のある子どもとその家族」「共生社会」を共に考える一助となることを強く願っています。

なお、本書は文部科学省による「発達障害に関する教職員育成プログラム開発事業」（平成26～28年度）による研究成果を踏まえて、「植草学園ブックス　特別支援シリーズ６」として発刊されました。

本事業を共に推進してきた加藤悦子先生（植草学園大学 発達教育学部 特別支援教育専攻 准教授）、広瀬由紀先生（植草学園大学 発達教育学部 幼児・保育専攻 准教授）、栗原ひとみ先生（植草学園大学 発達教育学部 幼児・保育専攻 准教授）との議論・検討結果が本書には反映されています。本当にありがとうございました。

そして、最後になりましたが、本書の発刊の機会を与えていただきましたジアース教育新社の加藤勝博社長様、そして、原稿整理、校正を丁寧に進めていただきました市川千秋様にはこの場借りて、心から感謝申し上げます。

佐藤　愼二

佐藤　愼二（さとう　しんじ）

植草学園短期大学 福祉学科 児童障害福祉専攻 主任教授。
明治学院大学社会学部卒業、千葉大学教育学研究科修了。千葉県内の知的障害特別支援学校及び小学校情緒障害通級指導教室での 23 年間の勤務を経て現職。全日本特別支援教育研究連盟常任理事、平成 29 年度千葉県総合支援協議会療育支援専門部会座長ほか。特別支援教育士スーパーバイザー。
主な著作：『今日からできる！通常学級ユニバーサルデザイン―授業づくりのポイントと実践的展開―』（ジアース教育新社、2015）、『実践 通常学級ユニバーサルデザインⅠ―学級づくりのポイントと問題行動への対応―』（東洋館出版社、2014）、『実践 通常学級ユニバーサルデザインⅡ―授業づくりのポイントと保護者との連携―』（東洋館出版社、2015）、『逆転の発想で魔法のほめ方・叱り方―実践 通常学級ユニバーサルデザインⅢ―』（東洋館出版社、2017）、『特別支援学校 特別支援学級 担任ガイドブック―知的障害教育 100 の実践ポイント―』（東洋館出版社、2013）、『実践 生活単元学習―授業づくりのポイントとその展開―』（責任編集、ケーアンドエイチ、2017 年）、『すぐ役に立つ特別支援学級ハンドブック』（編集、ケーアンドエイチ、2011 年）、ほか。

執筆協力

加藤　悦子	植草学園大学 発達教育学部 特別支援教育専攻 准教授
広瀬　由紀	植草学園大学 発達教育学部 幼児・保育専攻 准教授
栗原ひとみ	植草学園大学 発達教育学部 幼児・保育専攻 准教授

植草学園ブックス
特別支援シリーズ6

幼稚園・保育所・小学校の先生必携!
「気になる」子ども　保護者にどう伝える?

2017年9月19日　第1版第1刷発行
2020年2月10日　第1版第2刷発行

■　著　　佐藤　愼二
■発行人　加藤　勝博
■発行所　株式会社　ジアース教育新社
〒101-0054　東京都千代田区神田錦町1-23　宗保第2ビル
TEL 03-5282-7183　FAX 03-5282-7892
E-mail : info@kyoikushinsha.co.jp
URL : http://www.kyoikushinsha.co.jp/

■表紙・本文デザイン・DTP　土屋図形株式会社
■印刷・製本　シナノ印刷株式会社
Printed in Japan
ISBN978-4-86371-437-3
定価は表紙に表示してあります。
乱丁・落丁はお取り替えいたします。